U0129397

行腳留痕

—— 健群小品第六集

吳信義 著

文 學 叢 刊

文史哲出版社印行

國家圖書館出版品預行編目資料

行腳留痕：健群小品．第六集 / 吳信義著. --
初版 -- 臺北市：文史哲出版社,民 112.05
　頁；　公分--（文學叢刊；470）
ISBN 978-986-314-635-3（平裝）

863.55　　　　　　　　　　112004881

文 學 叢 刊
470

行 腳 留 痕
—— 健群小品 第六集

著　　者：吳　　　信　　　義
出 版 者：文 史 哲 出 版 社
　　　　　http://www.lapen.com.tw
　　　　　e-mail：lapen@ms74.hinet.net
登記證字號：行政院新聞局版臺業字五三三七號
發 行 人：彭　　　正　　　雄
發 行 所：文 史 哲 出 版 社
印 刷 者：文 史 哲 出 版 社
臺北市羅斯福路一段七十二巷四號
郵政劃撥帳號：一六一八〇一七五
電話886-2-23511028 · 傳真886-2-23965656

定價新臺幣四八〇元

二〇二三年（民一一二）五月初版

自 序

　　即將於 2023 年 5 月出版「行脚留痕」：健群小品第六集(註)，是我近兩年生活實錄，發表於健群幽默小品部落格。

　　部落格文圖可存檔，出書後便於展讀，是十年來我生活的回憶，就如同，年輕時每天寫日記的延伸。

　　今年不敢勞動長者為序，特別要感謝好同學清民兄賜畫，前後封面兩張是工筆之畫，在封底內頁簡介之。

　　實現兩年出版一書的心願，要感謝長松兄及高中同學鋒川於部落格發表及時指正不當引述及錯字，讓我能及時更正，電子檔蒙台客校對，紙本由俊歌及小琴校稿，文史哲彭社長提供排版專業，一并致謝。

吳信義（健群）謹誌

2023.02.10

　　註：所見所聞所思所感：健群小品第一集（2014 年 9 月）
　　　　芝山雅舍：健群小品第二集　　（2016 年 7 月）
　　　　健群小品第三集　　　　　　　（2018 年 3 月）
　　　　歲月行脚：健群小品第四集　　（2020 年元月）
　　　　歲月留痕：健群小品第五集　　（2021 年 5 月）

行　腳　留　痕

——健群小品第六集

目　次

14期團照於111.09.19

復興崗第14期歡樂聚
112.2.15.

2021.12.07 參加影劇系14期
聚餐於天成飯店

復興崗十中隊21期同學會 於國軍英雄館
2021.12.15

復興崗正14期同學會

2021.12.20 幹部會議於國軍英雄館

政校專一期同學會　於國軍英雄館
2022.10.05

與復興崗22期相見歡敘 於天成飯店2022.10.17

20221124 天成飯店

復興崗第十連年度聚餐於天母
2022.12.20

復興崗第十連年度聚會於天母
2022.12.20

14期同學於國軍英雄館

2023.02.10

復興崗師友會暨紅會水安隊聯誼
阿里山之旅　　2022..03.01

嘉義縣
2022年3月2日 上午8:19:44

復興崗師友聯誼 2022.03.26 於家園小館

2022年8月6日 10:56:44
158 忠勇街
建林里
龍潭區
桃園市

復興崗師友會聚餐於家園小館 2022.07.22

陸光劇校二期師生 聚於豪鼎餐廳

2021.12.04

陸光劇校第二期餐敘於真北平餐廳　2022.12.03

陸光劇校第二期餐敘於真北平餐廳　2022.12.03

2021.10.18　社大同學聚會

社大同學聚會於
竹圍圓滾滾咖啡廳
2021.12.05

111年金門卡蹓之旅

太武山
Taiwu Mountain

台大志工講習　2022.08.25

當選台大志工隊長合影　2023.01.05

111/12/24麗真雅居歡聚

1. 生活吹起床號

　　我的第四本小品文書名是「歲月行腳」，第五本書名是「歲月留痕」，目前完成 230 篇付梓，將持續記實生活見聞，書名就訂「行腳留痕」，看書名即知是走過必留下痕跡，生活經歷，必留下見聞。

　　引用國學大師錢穆先生說：「忘不了的人與事才是真實的生命」。薇薇夫人說：「退休是職場響熄灯號，生活吹起床號」。

　　王化榛先生（化公）說：我的餘年，就是每天充實自己，不做三等國民（等吃、等睡、等死）在這個世界上只做觀眾，不再做劇中人。我的視力已接近盲人，甚麼都看不清了也不管它是甚麼東西了！生命是時間的，健康平安就是福。其他都不重要了！累積珍惜時間，也是愛惜生命！吾兄的歲月留痕，正是生命紀錄的一部份，也表現了生命的價值。以上是化公回我 Line 摘錄，我認為他 95 歲高齡已悟出人生至高境界，活出真實的生命。

　　退休的我們，每天生活吹起床號，迎接新生命的每一天，醒來是喜悅一天的開始，要樂活當下每一天；生命中最重要的時刻，不是過去與未來，而是當下此時此刻。

2021.03.30

2. 死亡列車

　　2021 年清明節假期的第一天，台鐵 408 次太魯閣號於 4 月 2 日 9 時 28 分駛入清水隧道時，距隧道 50 公尺處，撞上工程車，釀成重大意外，這起不幸車禍造成 49 人死亡 213 人輕重傷，也是台鐵近 60 年來最悲慘車禍。

　　人生週遭許多無常意外，最常見是每天車禍，趕上連假第一天的死亡列車，許多人是返鄉掃墓，部分是觀光旅遊，幸與不幸造成天人永隔，內政部為罹難者致哀，今起全國降半旗三天。

　　初步調查肇事原因，應該是鐵軌旁工程人員的人為疏忽，疑因停車時手煞車未緊韌，致工程車滑落到鐵軌上，遭 408 次太魯閣號撞上，釀成慘重傷亡，真是太魯閣號列車乘客的不幸，今天各大新聞電視媒體不斷報導，讓人感傷悲痛。

2021.04.02

3. 拾回的記憶

　　人的記憶有限，對過往的人事地物，隨時間流逝而淡忘，但時空下，留下的照片可以戀戀美的回憶。

　　最近準備出版小品文第五集，將近年來群組聚會的照片存書分享，從電腦中搜尋一些團體照，時光隧道帶著回憶，有時不我予之感嘆！數十年來累積於相簿中，加上近十多年來儲存電腦中的照片，總有數千上萬張，所幸時空存在記憶體，只是要花時間加註於照片中，我一向很重視時空的紀念價值。

　　收錄 48 張照片分成五個群組：

1. 復興崗同學與師友
2. 台大退聯會與登山會
3. 全統聯誼會參訪活動
4. 社大同學聚遊活動

5. 家人親友聚會照

　　不同時空的照片，記錄當年的容顏，幾十年前的照片，分享大家的喜悅，彩色照增光多采，附書留念，群組朋友可隨時翻閱。

2021.04.05

4. 感恩餐會

　　十全十美的感恩餐會，今午在天成飯店 302 室相見歡。座上客有周大師夫婦、彭社長夫婦、長松同學、台客、福成及俊歌加上我與內人。

　　分別要感恩此次出書送畫作封面、寫序、文史哲出版社及幾位熱心校稿好友，游會長昭仁因遠居台東未便邀請，在此表達謝意。台客老友從台南帶兩顆椰子，刻上彭、吳姓氏分送社長與我，禮輕情意重，有心人如是，記得他 2016 年 3 月到埃及，特別將 sahala 砂子裝在小瓶罐，回來送給大家作紀念，至今我仍存放書櫃中，朋友有情有義如是。

　　是感性重於理性的我，喜歡留下昔日的事物，常念想於回憶中，如今每次聚會的合照加上簽名，一時沒甚意義，再過些年是實質紀念較有情義。

2021.04.07

5. 動者恆動必無常

　　牛頓第一定律（慣性定律）：「動者恆動，靜者恆靜」，最常用的例子就是：突然煞車時，乘客會向前衝撞，那是因為我們的腳停住了，而身體仍要向前進的緣故，常見公車緊急煞車，乘客受傷案例。

　　凡持續移動的物體必無常，如飛機、輪船、火車、汽車、機車、腳踏車及行人。高速公路及大街小巷經常發生追撞車禍，造成每天不斷有人員傷亡，這是生活快速移動造成的意外，行人走路摔跤可能傷亡或突然飛來橫禍，都是無常。

　　無常才是正常，一個物品，一件事情的緣起緣滅，或一個生命，一個緣分何時結束都是無常，最近發生太魯閣號碰撞事件，才警覺人的生死是無常。偶而看到這首歌詞摘錄分享：

　　～或許明日太陽西下倦鳥已歸巢～

　　～你我已經踏上舊時的歸途～

　　～人生難得尋覓相知的伴侶～

　　～生命中就難捨藍藍的白雲天～

　　忙碌的生活，常常使我們錯失了很多機會，浪費生命中很多美好事物，甚至失去難得的知己，莫讓忙遠離朋友，冷淡了親人，失去自己的健康。　　　　　　2021.04.11

6. 生活現實面

　　人每天離不開食衣住行育樂，生命五要素：吃喝拉撒睡，這些生活現實面，影響到您的心情。

　　吃的好睡得好很重要，與群組好友聚會很期待，每月總有幾次的相見歡，那是眾樂樂。退休者能與老朋友見面，除了聚餐、歡唱還有旅遊，因疫情一年多來，後者已很少參與。最近奉老副校長交代辦理南園人文之旅，群組師友參與不很熱絡，20人成團很難達標，原因不外有人仍上班、上課，有人身體不適門診，有人事前有約，請假十幾人，要安排一次的旅遊不易，是否退休後更忙碌或年歲大不想遠遊，這是生活現實面。

　　日子一天一天過，每天有忙不完的活動是好事，忘齡不知老，但要身心康健，樂活到老，不給家人子女添麻煩，我想暮年生活能快活自在，人人所願，晨起有感。

2021.04.15

7. 老友相見歡

感謝喜成昭華賢伉儷的安排下，我及內人於台大校友會館蘇杭小館相見久別的健臣賢伉儷。

住台中的健臣兄，是在母校服務時的老同事，猶記得三十幾年前，在訓育科服務，我們一起參加全科同仁及眷屬的旅遊，一幌幾十年過去，回憶年輕的相聚，彼此印象深刻。昔日有共同的隊職生活，珍惜那段相聚歲月的回憶，依稀記得許多老長官、老同事，惜多人已離世，心有戚戚焉。

陪他們搭輕軌到淡水漁人碼頭，看海景留影，喝咖啡聊過往，留下合照，是難得的聚會。近在咫尺的台中，相見雖容易，此機緣却延遲幾十年，再見已耄耋之年，感嘆歲月不待，彼此健康相祝福，願多連繫常相見。

2021.04.19

8. 陽台的鳥巢

　　客廳前小陽台，栽植富貴樹(發財樹)，二十幾年來樹根粗壯，枝葉茂盛，先後吸引白頭翁、綠繡眼飛來築巢，最近發現小鳥巢，綠繡眼孵下蛋，育哺兩隻小鳥，前後有三週，在窗前依稀看到公母鳥忙飛出覓食，找回小蟲，早晚好幾趟餵食，表現父母偉大之愛，看動物猶憐。

　　今晨窗外靜寂，小鳥已離巢，留下空巢，從下蛋到離巢，前後約三週，子女成長後，如同有一天為人父母終成空巢期，鳥禽如此，人何能例外。

　　經驗告訴我，小鳥離巢，飛往何方？從此與父母分散，看似無情是有情，從此不依賴父母，彼此也無罣礙。

2021.04.14

9. 幸福其實很簡單

　　佛光山依空法師，在人間福報發表「幸福，其實很簡單」一文，從 2021.04.19～23 連載五天，我每天期待報紙送來，拜讀之後願寫些感想分享。

　　因為從 103 年起，每年參加全國教師生命教育研習營，先後有十幾年，後來參加全國教師佛學夏令營，在研習營中，聽過多次依空法師講授課程，他講解幽默風趣，不愧是佛光山名師，多年在南華大學文學系所任教，也曾任美國西來大學執行董事，一生奉獻教育。

　　法師文中描述 1988 年因暈眩失血第一次住院，第二次 2004 年發現左眼因視網膜剝離，於高雄榮總雷射手術成功。第三次 2011 年在美國，生平住院動大手術，腹部長腫瘤，確定是癌 cancer，未擴散及時開刀化療，前後 33 天康復，之後五年追蹤檢查，2016 年 3 月再度飛到洛杉磯，展開第二度癌症治病，是平滑肌癌復發，開刀割去盲腸及 30 公分的小腸，並接受 32 次的放射治療，殺死一千個癌細胞，同時破壞八百個健康細胞，至今五年，法師說他要和它們人體共生，視病如親。2017 年三月，再回洛杉磯 PH 醫院，掃描出左胸有腫癌，為了萬無一失，又手術切除，從 2011 至 2017 年三次癌

症，動了三次大手術，因為癌細胞很頑強，只好施打標靶治療，在美國留滯了 54 星期，專心治病。

　　我簡述法師癌症的治病過程，佩服他生病中保持一個理念，治療過程信任醫生的專業；信仰交給佛陀，心中有佛法，不驚不懼；心理建設，保持開朗的心境，讀書、寫作、誦經、閱藏、說法。

　　有福報幸運之人，得到最好的醫療，他說這場病讓他有一個意外的收穫，三國時代的董遇提倡「三餘」讀書：「冬者，歲之餘；夜者，日之餘；陰雨者，時之餘也。」他自己設立第四餘：「病者，命之餘。」因為生病，沒有體力東奔西跑、承擔重大工作，可以借此餘裕深入經藏，遊心法海。所以這世間沒有完全不好的事情，禍福相倚，保持正向思考，縱然生病了，也可以做一個健康的病人，快樂的病人。如此豁達人生觀，不愧為一代法師。

2021.04.23

　　依空法師簡介：

　　一九五一年生，台灣宜蘭縣人，一九七六年出家，同年受具足戒。

　　法師解行兼優，辯才無礙。向以佛教為根本，以文學為方便，來弘揚佛法。演講時，常以古典詩詞、戲曲及寓言，靈活穿插，巧妙詮釋，加上她關心現前社會、政治與經濟現象，往往能依聽眾根性，契理契機地把佛法生動表達，讓所有聽眾都能如三草二木盡嚐法乳甘露。

　　依空法師為台灣高雄師範大學文學博士，日本東京大學印度哲學研究所文學碩士、曾任《人間福報》社長、《普門》雜誌主編、社長、普門中學校長、中國佛教研究院副院長、美國西來寺住持、現任美國西來大學及台灣南華大學董事會執行長兼教授，並擔任佛光山宗務委員會委員及國際佛光會世界總會理事。

　　著作：《頓悟人生》、《一字禪》、《采風風采》……

10. 喜宴有感

　　有一年多未參加喜宴，因疫情之因，多少喜宴取消或延期，今午在樂群二路萬豪酒店參加友人喜宴！

　　曾在士林公民會館上課因緣，認識前羅館長，今午參加他長公子的婚宴，11：00 在八樓宴會廳場外庭院，舉行證婚儀式，男女雙方參加親友約有百來人，供應雞尾酒及點心助興，會場喜氣洋洋，12：00 入席，婚宴席開 30 桌，都是年輕人居多，承蒙安排與公民會館有淵源的朋友同席，見到公民會館志工朋友，大家同席聚餐很難得。因每桌有服務人員，一場喜宴要花上兩個多小時，婚宴在司儀活潑帶動下，年輕人歡樂到高點。

　　有感十幾年前每月平均要參加好幾場婚宴，如今已減少許多，因為親友子女大都已結婚，加上年來恐怕疫情感染，婚喪喜慶群聚要避免，可見一場疫情，影響交際應酬深遠。

2021.04.25

11. 關心天下事

　　今年高齡 95 歲的王化榛先生，仍日日心念家事、國事、天下事，最近在全統午餐會中提議，希望「成立世界大同促進協會」構想，博得與會同仁熱烈掌聲支持。

　　化公說中國禮運大同篇是世界大同最高理想，全世界國家都正邁向此目標，碑文字已於民國 37 年存聯合國大廈，成為舉世公認的治國理想，這是中國人的驕傲。人人應以此做為齊家、治國並放眼天下的政治經濟理想，可惜至今全世界許多國家仍無法達到目標。化公希望以全統會做為領頭羊，支持本會成立，這是世界性的組織，只要認同日月行善，從照顧弱勢團體做起，如幫助窮苦老人，小孩等，對社會國家做出小小貢獻，達到老吾老以及人之老，幼吾幼以及人之幼，進而鰥、寡、孤、獨、廢疾者，皆有所養，從小事到大事，人人做到就是大同思想的實踐。

　　任何公益活動需要經費，化公願意以他個人的人脈，向台灣首富建言，贊助經費成立此協會，期盼他將來對社會國家，對全世界謀求最大貢獻。

2021.04.28

附記《禮記》禮運篇：禮運大同篇（中英文對照）

大道之行也，天下為公

When the great way prevails, the world community is equally shared by all.

選賢與能

The worthy and able are chosen as office holders.

講信修睦

Mutual confidence is fostered and good neighborliness cultivated.

故人不獨親其親，不獨子其子

Therefore people do not regard only their own parents as parents, nor do they treat only their own children as children.

使老有所終，壯有所用，幼有所長

Provision is made for the aged to enjoy rest of whose life, the adults are given employment, and the young enabled to grow up.

鰥、寡、孤、獨、廢疾者皆有所養

Widows and widowers, orphans, the old and childless as well as the sick and disabled are all well taken care of.

男有分，女有歸

Men have their proper roles, women their homes.

貨惡其棄於地也，不必藏於己

While they hate to see wealth lying about on the ground, they do not necessarily keep it for their own use.

力惡其不出於身也，不必為己

While they hate not to exert their own effort, they do not necessarily devote it for their own ends.

是故謀閉而不興，盜竊亂賊而不作

Thus evil scheming is repressed, and robbers, thieves and other lawless elements fail to arise.

故外戶而不閉，是謂大同

So that outer doors do not have to be shut.

This is called "the Era of Great Harmony".

大道之行也，天下為公。選賢與能，講信修睦。故人不獨親其親，不獨子其子；使老有所終，壯有所用，幼有所長，矜、寡、孤、獨、廢疾者，皆有所養；男有分，女有歸。貨，惡其棄於地也，不必藏於己；力，惡其不出於身也，不必為己。是故謀閉而不興，盜竊亂賊而不作，故外戶而不閉，是謂「大同」。

Footprints 011: Caring about the affairs of the world

Mr. Wang Hua-zhen, who is 95 years old this year, still thinks about family affairs, state affairs, and world affairs day by day. Recently, he proposed at the Unification Luncheon that he hoped the idea of "establishing a World Unification Promotion Association" won warm applause from the colleagues.

Hua Gong (Mr. Wang) said that the Great Unity of Chinese Ceremony and Fortune is the highest ideal of the world, and countries all over the world are moving towards this goal. The inscription on the inscription has been stored in the United Nations Building in 1949 and has become a universally recognized ideal of governing the country. This is the pride of the Chinese people. Everyone should use this as the political and economic ideal of having a family, governing the country and looking at the world. Unfortunately, many countries in the world still cannot achieve the goal. Hua Gong hopes to use the National Unification Council as the leader to support the establishment of this association. This is a worldwide organization. As long as it agrees with the sun and the moon to do decent, it starts with caring for disadvantaged groups, such as helping poor elderly, children, etc., to contribute to the society and the country. Small contributions reach the senior, the old, the young and the young, and then the widows, widowers, orphan, loneliness, and the sick, all have support. From small things to sphere of big things, everyone can do it. Practice of Datong Thought.

Any public welfare activity requires funding. Hua Gong is willing to use his personal connections to advise the richest man in Taiwan and sponsor funds to establish this association, looking forward to making the greatest contribution to the society, the country, and the world in the future. 2021.04.28

By Wu Hsin-yi

12. 做好自己最重要

　　喜歡你的人，你怎麼做怎麼說都是對的；不喜歡你的人你做的再好也是錯！先入為主的觀念存在人的思維中，成見很難摒除，對長官、部屬、對親友亦是如此，因之，留給別人好印象很重要。

　　這就是人生：忘不了的昨天，忙不完的今天，想不到的明天，最後不知會消失在那一天，人生如天氣可預測，但往往出乎預料，包容、欣賞、謙讓、接納，一切隨緣而豁達，得之坦然，失之泰然，隨性而往，隨遇而安。

　　友人傳來勵志文：活在昨天的人迷惑，活在明天的人等待，只有活在今天的人最踏實。執著是一種負擔，甚至是一種苦楚，計較太多就成了一種羈絆，迷失的太久便成了一種痛苦。有時，放棄是一種胸懷，是一種成就，是自己內心的自信和把握。放棄不是放棄追求，而是讓人以豁達的心態去面對生活，與好友共勉之。

2021.05.02

13. 恆心與毅力

　　芝山公園佔地十餘公頃，每天有四位環保人士平攤打掃責任區，佩服他們四十多年來如一日的恆心毅力，平均每天要花上兩三小時以上的清掃，才能完成責任區步道落葉，為公益事業任勞任怨的您是怎麼樣的堅持，樂此不疲。

　　當年青春年少，家境無力升學，求得一分工作不易，就這樣持續打掃數十年，每月有固定收入，四十幾年後退休，可以領取每月勞工月退金近三萬元，退休生活有了保障，這是他們的堅持。

　　職業無貴賤，環保人士負責社區清潔，這份工作是神聖的，清晨在新鮮空氣下勞動，尤其在芝山岩上，對身心健康是有益，每天的勞動是最好的運動，我健走邂逅，總是親切問候，此文是讓我對他們的恆心毅力表達敬佩。

2021.05.07

14. 歡度佳節

　　兒女未婚，每逢佳節家人歡聚，可以一起吃個飯，也是幸福。欣逢母親佳節前夕，兒女安排在天母新光三越瓦城泰式料理，慶祝母親節，餐廳坐無虛席，高朋滿座，都是陪父母歡度，訂位是一週之前。

　　最近看到一文，寫到子女越優秀，父母晚年越孤獨，大意是子女事業有成，遠赴國外，很少能伴陪父母，意味有成就的子女，陪同父母時間越少，不無道理。成了家立了業，有些子女通常旅居海外，見面時難。子女晚婚與父母緣份長，如早婚或遠赴國外與家人必聚少離多，是相對的必然。

　　夫妻是緣，無緣不聚；兒女是債，無債不來。為什麼佛法如此說?仔細思量，蠻有道理。

2021.05.09 晨

15. 花蓮一遊 之一

好友俊歌今年五月五日，終於啟程實現徒步環島健行之旅，以 66 歲之年，其精神體力勇氣可嘉，好友台客特邀我同往花蓮為他加油打氣，我才有此次花蓮一遊。

五月十三日清晨，松山台北間有工程車出軌，影響全日列車通行，我與台客很巧搭乘自強號 170 班次趕上，在台北延誤半小時。抵花蓮誤點 71 分，站務人員稱列車誤點逾 45 分可全額退票，是補償旅客時間上的損失，果不其然，在站務人員的熱心協助下，我們退了 220 元單程車票，難得搭乘免費，且在親子車廂唯獨兩人，更難忘享受包廂之旅。

近日因疫情險峻，一向往返花蓮自強票(普悠瑪)一票難求，我們列車抵達全列車乘客不到十人，旅遊蕭條可見。下午抵花蓮即入住預訂洄瀾窩國際青年旅舍，房間雖小但經濟實惠，其特色是二樓文康活動休閒區，提供書報電視雅座，住宿者可以在此會客交誼。

久別花蓮，我們趁此行自由行，沒有旅行團趕行程壓力，今晚九點就寢，明早計畫有天祥之遊。

2021.05.13

16. 花蓮一遊 之二

　　我與台客一早趕搭 310 台灣好行：太魯閣線 06：30 班車，統聯客運每天固定班次往天祥風景區，沿途經七星潭、太魯閣、是旅行者最經濟實惠又方便的自由行，久違的天祥約有好多年沒來。

　　順道參觀天祥的太魯閣晶英酒店，這裡有休閒樓層，山嵐客房一宿 12,000 元、山谷客房一樓 11,220 元、二樓的峽谷景房、文山及天祥套房要價 16830~19580 元高價位，含自助式早餐中式合菜或自助式晚餐，仍有許多人訂房。

　　在天祥停留至近午再搭乘統聯 310 台灣好行：太魯閣線，在車上觀好山美景，沿綠水、慈母橋、九曲洞、布洛灣、長春祠、砂卡礑、慈濟精舍、七星潭再回花蓮火車站，炎夏暑氣逼人，午后只好回飯店休息，在旅舍等待俊歌到訪。

　　晚上與台客在花蓮「閹雞城餐廳」請俊歌及兩位他在地同學共餐，餐後由老弟同學開車，帶我們逛遊東大門夜市，隨後來到東海岸觀夜景，晚風海浪徐徐吹來，令人留戀忘返。

2021.05.14

17. 花蓮一遊 之三

　　夏日天亮得早，與室友約好 05：30 租飯店自行車往七星潭，台客自信滿滿帶領我穿梭大街小巷，因他數年前常開車走東海岸 193 號道撿拾石頭。

　　幾年的改變，路況生疏，失去方向感，一路往東海岸山邊，經路人指點才知走了反方向，後來一路探詢，騎乘兩個多小時才抵七星潭，是時空下奇遇的經驗吧！看海景聽太平洋海浪聲是花蓮之行的享受。在烈日炎陽下不能久留，喝椰子汁解渴，順便問回花蓮火車站要多久，告知半小時，我們卻又花了一個多小時，路況不熟走了不少冤枉路。

　　因疫情影響，週末遊客仍稀少，只有少數年輕人到海邊撿石頭照像，回程的路上烈日當空，來回曝曬，正考驗體力，留下難忘回憶。

2021.05.14

18. 花蓮一遊 之四

　　久違的花蓮，民國 107 年 8 月正式啟用花蓮新火車站，平均每天有近 3 萬人次進出，連續假期最高曾達五萬人次，收益僅次台北站，因為花蓮是國內外旅客必來觀光聖地，最近疫情期間例外。

　　這幾天因住花蓮火車站附近洄瀾窩國際青年旅舍，發現所有飯店、旅舍、民宿必備重型機車、自行車租借，多少年輕人來花蓮以摩托車代步旅遊，火車站附近亦有林立的租車服務，提供旅客旅遊方便，形成花蓮觀光另類特色。

　　統聯客運特別提供花蓮火車站到天祥的台灣好行，沿途經太魯閣、砂卡噹、長春祠、燕子口、九曲洞、綠水、到天祥，每一景點都有步道，如果體力好，三兩好友自由行，徒步走走各景點步道，好山好水、峽谷峭壁盡收眼底，看看當年榮民弟兄，如何辛苦開發東部橫貫公路。

2021.05.19

19. 專業的堅持

　　離開七星潭風景區，一路詢路，在一家摩托車行問老板，往花蓮火車站如何走？發現店內停放十幾部偉士牌機車，那是五、六十年代最時髦昂貴的機車，姜老板說小學畢業 13 歲開始當學徒維修，至今已逾一甲子，他今年 72 歲，是修護偉士牌機車達人，從舊車維修到烤漆完成，只要找到零件，一部全新偉士牌 125CC 可以上路，要價 7 萬多元，且奇貨可居。

　　發現他很有心，曾到世界各國蒐集機車牌照，貼滿修理廠牆壁，我徵求他同意下拍照分享，佩服他學有專長，一輩子事業的堅持，如今分工專業下，留有一技之長，不求人的技術，成為事求人的優勢。

　　行行出狀元，早期未能繼續升學者，能學有一技之長，如今都是事求人的行業，如水電工、木工、水泥工、油漆工、汽機車修護等行業，生活中離不開他們的專業，時下他們的行業成為高薪，這是當年學徒所意想不到的，「飢荒年間，餓不死手藝人」，學有專長，不愁無糧。您認同否？

2021.05.18

20. 享解脫自在

　　晨健走於芝山岩環山步道，因疫情險峻，行人稀少，脫下口罩，有解脫自在輕鬆感覺，不影響別人及自己安全，在大自然環境中，享受新鮮空氣。

　　近十天來，全國進入三級警戒防疫，外出必需戴口罩，許多餐飲業只外賣，不提供入座用餐服務，如麥當勞、肯德基等，可見疫情漸入嚴峻。週來一切對外活動停止，難得居家自主管理，這分清閒是可遇不可求，在家勤於寫作。不外出少應酬，這是人人必遵守的無奈，我樂於享受這分閒情逸致。

　　上市場採買，人人搶購屯積民生物資，在幾次停電的恐懼中，發現沒電沒水造成現代城市人最大的生活問題，幾個小時的停電帶給現代人的危機意識，生活亂了套，可知大家依賴電的痛苦，沒電；冰箱食物不能存放，沒電；大廈水塔沒水，沒有冷氣；炎夏酷熱難耐，現代人依賴電所造成生活不便，停電的痛苦浮現眼前。

2021.05.22

21. 離情難依捨

　　民國 82 年 8 月離開服務 21 年的母校復興崗，心情是五味雜陳，難依捨那朝夕生活的地方，難忘那復興崗的一草一木，我的青春年華在陽明山大屯山下歡度，無限懷念珍惜。我即將到另一新環境服務，國立台灣大學，職務是軍訓工作，我比一些同學都幸運，軍旅兩個重要單位都是學校隊職與教職。

　　隊職是人師，教職是經師，古云：「經師易求，人師難得」我都經歷且心領神會。懷念隊職朝夕與學生相處的日子，難忘教學相長的經師歲月，前者達 13 年，後者達 10 年，部隊生活 4 年，這是我軍旅生涯。

　　51 歲退休後的人生，最大的改變是：「沒有上班工作的壓力，體會無官一身輕的自在」，如今回首看五十來歲的人，羨慕他們年輕，原來當年也曾被羨慕，轉眼已邁入老年人，歲月留痕必然公平對待。

2021.05.23

22. 平凡的人生（1）

一、前 言

疫情提升國家三級警戒防疫，人人足不出戶，居家自主管理，友人建議何不寫回憶錄，自認小人物不夠格，願簡述我平凡的一生，分段略述如下，分享部落格。

我的一生要分幾個階段細述

1.高中以前求學
2.復興崗四年生活
3.部隊軍旅 4 年
4.母校服務 21 年
5.台灣大學服務
6.成功嶺的教學因緣
7.全統會大陸參訪
8.終身學習與時俱進
9.國內外旅遊
10.我的小品文寫作
11.退休享受休閒生活

二、家　世

家父出生農家子弟，排行兄弟是老四，老大、老三務農，二伯父日治時代擔任警佐，影響光復後父親投考警校，父親奉獻基層員警，我們成為警察子弟，從小住宿舍，榻榻米式的日本建築，這是我高中以前的生活。父親告訴我們，祖先是三百多年前跟隨鄭成功由福建來台定居，是早期來台的中國人，38 年以後來台是近代外省人，只是 300 多年先來後到之別。父母親都是民國十年生，民國 30 年才 20 歲，在二伯父母媒妁之言結婚，早期父母都受完日本高等科教育，可以用日語交談，台灣光復後父親在二伯父的鼓勵下，考取台灣省警察學校警員班，以基層公務員養育我們姐弟妹七人，三男四女，從小我們同父母度過不富足的小康生活，安貧樂道卻和樂融融，但母親因操勞過度於 40 歲英年早逝，弟妹尚年幼，父親於 42 歲再續弦，姐姐代理母職，兩年後才結婚，我於民國 53 年高中畢業，參加軍事聯招，考取政工幹校政治系，從此改變我一生的命與運。

三、求學階段

(一)高中以前

民國 40 年小學就讀臺南縣大內鄉二溪國小，三年級轉讀麻豆國小，46 年順利考取麻豆曾文初中，後來續讀曾文中學

高中部，初中每天走路上下學，約十五分行程，高中以自行車代步，在麻豆歡度愉快的求學生活，很幸運未曾早起趕火車，晚上晚回的通學的苦日子。民國53年參加軍事聯招乙組，考取政工幹校政治系。

(二)復興崗四年

以多采多姿來形容，大學四年修滿政治系必修學分外，每年寒暑假必需接受軍事訓練，如駕駛、報務、通訓、傘訓及基本的軍事課程，雖然很辛苦，但具挑戰性，留下美好回憶，大學四年參加許多社團活動，增廣群體社交生活。

四、服　務

(一)軍旅生涯

很單純，四年在野戰部隊，一年的排長(含步校初級班半年)、兩年的連輔導長，一年的政戰官，62年元旦中央輪調案調母校服務。

(二)復興崗服務21年

上尉區隊長半年、訓導員一年、中隊長(連長)兩年，64年晉升少校，開始我十幾年的隊職官生活，正規班結訓後即在校歷練營輔導長，隨後歷練營長兩年四個月，可比照部隊旅處長經歷，71年8月，研究班畢業調訓導處訓育科長歷一年，73年3月佔上校參謀官缺，8月調學生指揮部訓導主任，

74 年晉升上校，雖比服務部隊同學晚了三年，但在學校是同期領先。民國 75 年轉任研究班六大戰教學，前後有八年的教學相長經驗，令我畢生懷念。

(三) 國立台灣大學

在農學院擔任主任教官兼研究生宿舍管理，經常參加生活輔導組辦理的學生活動及課外活動組辦理的校外活動，與學生融洽相處，亦師亦友。

(四) 成功嶺的教學因緣

民國 84 年 8 月我提前一年退伍，正好成功嶺大專寒暑訓徵反共愛國教育師資，在一位學長推荐下，承辦參謀是我帶過學生，即電通知，我接受國防部的聘任，從 85 年寒假到 87 年暑假，有三年時間，在成功嶺擔任大專寒暑訓：「反共愛國教育課程」，為剛考上大學的新生，傳授為何而戰？為誰而戰？的中心思想，奈何 87 年暑訓後，此愛國教育被李登輝廢止，從此年輕人缺乏國家認同愛國思想，幾年後大家洞悉李的陰謀，原來是搞台獨思想罪魁禍首。

2021.05.26

23. 平凡的人生（2）

五、全統會大陸參訪

　　大陸每年在世界各地舉辦全球華僑華人促進中國和平統一大會，廣邀各地僑胞與會，記得 2006 年全球華僑華人促進中國和平統一大會在澳門召開，12 月 14 日 10：00 在澳門東亞運動會體育館綜合劇院舉行開幕典禮，並於 12 月 15 日上午 10：00 舉行閉幕典禮，宴會席開百桌，場面盛大，新同盟會許老爹會長及新黨主席都應邀上台講話，博得與會者熱烈掌聲，我全統會一行三十幾人，在王化榛會長率領下與會。另一次是 2010 年 9 月 21～22 日在香港舉行，臺灣應邀多達一百多人，結束後大會拍千人合照，會後每人贈送一張，至今我仍保存留念。

　　記憶中我是民國 88 年參加中國全民民主統一會，陶滌亞會長辭世，將會長交給王化榛先生，經余教授推荐給化公，由我接任秘書長，往後化公擔任第三任~第七任會長，我擔任秘書長。於民國 105 年經第八屆全統會年會推荐我當選任會長，109 年我連任第九屆會長。在全統會二十多年來，經常接受大陸相關單位邀請參訪，與北京、天津、南京、及上

海黃埔同學會、國台辦都建立良好溝通管道，經常互相交流，茲記錄幾次重要參訪如下：

1. 2014 年 3 月 25～30 日由王化榛會長率同仁二十多人參訪北京、天津，由本會福成兄著：「中國全民民主統一會北京天津行」～兼略述全統會過去現在未來發展全書 258 頁。

2. 廣西參訪遊記：2017 年 8 月 7～14 日由我帶團，回台後出版中國全民民主統一會「廣西南寧崇左巴馬參訪遊記」，亦由陳福成主編，參與者有 33 人，每人撰文發表，文圖並共留下美好回憶。

3. 2019 年 9 月 17～24 日本會舉辦北京、天津、廊坊參訪之旅，28 名團員參加，又留下北京天津廊坊參訪紀實一書，都是很好的紀錄。（以上三本遊記皆由文史哲出版社發行。）

兩年來由於政府當局始終不認同九二共識的前提下，兩岸交流停滯，沒有互動，希望將來仍有機會相互文化經貿往來，期待中國必將走向和平統一。

六、終身學習與時俱進

1. 民國 78 年在職進修前往國立台灣師範大學三民主義研究所暑期進修，前後四年，充實本職學能得以對日後教學裨益，民國 83 年前往師大補修教育學分，對軍訓教學大有助益。

2. 民國 91 年台北士林社區大學成立，我參加心靈哲學班，前後上課七年，認識許多年輕同學，至今二十年來成為一生好友。

3. 學習社交舞蹈：

先後在天母長青大學、東湖活動中心，中山區活動中心及士林公民會館學習舞蹈，前後有十餘年，對基本的探戈、華爾滋、倫巴及吉魯巴都可以派上用場，唯學藝不精，年老反應慢且易忘，是學習最大障礙。

4. 社團志工服務：

台大退休後，先後參加台大退休人員聯誼會、台大教職員工登山會、台大逸仙學會，民國 93 年至今擔任台大聯合服務中心志工，並參加佛光山台北教師分會，參加在佛光山舉辦全國教師生命教育研習及暑期佛學夏令營，前後有十多年。退休生活是多采多姿多元的，感覺退後生活更充實忙碌。

5. 切磋球藝：

打了 20 多年網球，後來參加長春高爾夫球隊，十年前停止這兩項室外運動，改室內靜態的歌唱與舞蹈，對學習增廣學能見聞。

6. 我曾分別於民國 64 年及 66 年考取國防特考乙等普通行政與人事行政，備退休後可轉公務員，但終未派上用場。

24. 平凡的人生（3）

七、我的家庭生活

　　民國六十四年，蔣公逝世的第二天我結婚，因此我的結婚紀念日特別好記。當年 31 歲結婚是晚婚，而如今算是早婚，時空背景不一樣。軍人待遇微薄又不自由，許多女孩子不願嫁軍人，尤其是女方父母親都反對。內人當年畢業台北女師，在台北私立新民小學執教四十幾年，婚後五年我們貸款買了興隆路一家公寓房，五年後房貸也還清，多虧內人善於理財，我畢業 22 年後，國防部配售忠誠路眷村改建大廈，要自付 880 萬元，是不算小的價位，87 年我們搬到天母忠誠路，如今也逾 24 年，住家毗鄰芝山公園及陽明醫院，外在環境好，交通便利，芝山捷運站步行可達。

八、國內外旅遊

　　內人服務的新民小學，每年寒暑假辦理國外旅遊，在退休後我經常參加，先後到過埃及、土耳其、克羅埃西亞、布

拉格、意大利、西班牙、德國、瑞士、奧地利，當年用照像機拍了許多照片，可惜沒寫遊記，84 年內弟自正是外交部派駐以色列一等秘書，盛情邀約，我與三位球友相約同行，到以色列租車自由行，住宿內弟租住的大公寓，十幾天中遊耶路撒冷、哭牆及前往以阿邊界，不忘到黑海（死海）海浴，體會仰臥海水看報不沉的驚喜，也逛街享美食，吃分簡餐都要價三、四百元台幣，屬高消費，內弟帶我們參觀私人博物館，全是抽象畫，參觀鑽石切割工廠是尖端科技，我們到紅海沙灘看全裸美女晒太陽，有次內弟帶我們到家餐廳點許多菜，其中有魚，端上桌是每人一條，是他們的飲食文化，給我印象很深刻。台大退休後每月參加退聯會舉辦南部、中北部及花東旅遊，一日或兩三天，十多年來許多風景勝地重遊，電腦上儲存許多紀念照，堪值回憶，近十多年來我參訪大陸居多，如上海、北京、天津、南京、揚州及桂林山水甲天下及雲貴風景區、張家界、黃菓樹瀑布，遊不完的風景，看不完的景色，其實臺灣山岳之美，不輸國外，任君邀遊，何苦捨近求遠。

九、我的小品文寫作

在多產作家福成兄的鼓勵下，我 2012 年開始寫作，目標是兩年寫兩百篇付梓，我小品文從 2014，2016，2018，2020到 2021 年陸續出版：「所見所聞所思所感」、「芝山雅舍」、「健群小品」、「歲月行腳」、「歲月留痕」等五本，小品

文是個人生活的記實，將退休生活的點滴，留下時空的回憶，代替以往寫日記的習慣，加上照片的分享，讓參與者有共同感，最近一年來，備有記事本，將群組聚餐時地註明，請與會者簽名紀念，此構想獲得友人的認同，多年之後，此筆記是美好的回憶呢？小品文的封面，請多位復興崗美術系的學長及學弟賜畫，除添美感，亦增色不少。

2021.05.28

25. 平凡的人生（4）

十、退休享受休閑生活

　　退休可以享受休閑生活，這是人生一大快事，沒有上班的壓力，無官一身輕，真實的人生。

　　歲月有情，人人會老，公平待人；歲月無情，人人必死，無一倖免。生老病死是人生的定律，如何把握有限的生命，享受退休生活，我想離不開健康身心，因此退休後如何修心養性，快樂自在，是晚年重要人生課題。

　　有人六、七十歲體弱多病，有人八、九十歲身體康健，除了先天基因遺傳，後天的保健至為重要，同期同學已有五分之一者往生，驚醒健康之可貴。我從年輕喜運動，與羽球、網球到小白球為伍，退休後每天持恆健走，健康是要靠自己經營，無病無痛才是福。住家的外在環境很重要，每天健走於芝山公園、環山步道，雙溪河濱公園及忠誠、天母運動公園，呼吸新鮮空氣，享受大自然，身心愉快！

結　語

　　平凡生平簡述，不是自傳，四篇小品，憶往記憶所及，人生難免有喜怒哀樂憂傷悲的七情，加上六慾，只能自己品味，我覺得人生，名利功名富貴是一時的，年輕美麗也是一時的，青春年少也是過度，好好把握當下樂活，只有健康的自己是真實的。凡事能想得開、放得下、看得透，不執著就沒煩惱，身心解脫自在，豁達開朗，那是人生修心養性境界，非人人所能做到，共勉之！

2021.05.30

26. 家書彌珍貴

最近整理內務，丟許多衣物含昔日從大陸帶回友人贈送書畫，經過時空的轉換，已失去原來留存價值。

最難得是找到民國 61 年—69 年的家書，距今近 50 年，父親的鋼筆字跡未褪色，我特拍照存留。現代年輕人更不能體會古人云：「烽火連三月，家書抵萬金」的詩句。五、六十年代服兵役時，最期待是家書及情書，引頸期盼郵差每天送來信件。如今書信已被電子郵件、智慧手機、電話視訊取代，年輕人不知家書為何物？真是此一時也彼一時也！

記得高中畢業，第一次離家，軍校四年，父親經常書信往來，以解相思，到部隊服務四年，後來回母校服務亦如是，因無母可恃，父子情更深，家書可解鄉愁，父親雖公忙，但家書未曾間斷，如今留存父親的書信，彌足珍貴。

2021.06.02

27. 閱讀與寫作

　　近兩個月來因全國疫情三級延長，許多群組聚會及活動都暫停，居家時間得以閱讀、思考、寫作，未嘗不是另一收穫。

　　重讀星雲大師迷悟(7)「生活的情趣」，篇篇精采，並能啟發人性，尤其我們一生當中，誰不曾迷？誰不曾悟?迷惑時，無明生起，煩惱痛苦；覺悟後，心開意解，歡喜自在。大師言行真是能醍醐灌頂，甘露滋心。

　　書架上許多昔日購買的書，有些不曾從頭看完，被書名或暢銷書所吸引，卻記載何時、何地、及價目，如今留下時空的記憶。星雲大師人間文學～「迷悟之間」是大師 2000 年 4 月 1 日起每天一篇短文，4 年共 1124 篇。重讀 20 年前的文章，對於心靈啟發更深，此套書有英文、德文、西班牙文、韓文、日文、全球各種譯本發行量突破五十萬本，可見星雲大師的思想言行影響世人很深遠。我是星雲大師的粉絲，訂閱人間福報 20 年，每天欣賞大師昔日藝文全集，心底佩服大師著作不斷，給後人留下可貴的文化資產。

2021.06.04

28. 存在價值

「空間時間和物質是人類認知的錯覺」～愛因斯坦～

　　我認為時間空間，會改變人主觀的認知價值，同理；時空因素能改變事物本身的對錯。往年訂閱讀者文摘，那是最流行的綜合雜誌，因作者是世界各地讀者投稿，可讀性高，每月寄送不必到書店購買，十幾年前我停上訂閱，因網際網路方便點閱更多資料，如今此文摘是否持續發行，不得而知。

　　今天從書架上整理出幾十年累積的雜誌，沒留存價值，丟棄成為很「重」的負擔，當年是好刊物，如今是廢棄物，令人莞爾一笑。電子書報取代許多書籍及刊物，如今從網路點閱下載都很方便，昔日百科全書家家户户花一、兩萬元購買典藏，如今不合時宜，看書、買書只有學術性及專業性的需求。台北各大書店歇業者不少，始料未及吧。以此類推，紀念文物：如獎狀、獎杯、獎牌、證書或寶劍，都會隨時空改變其存在價值，家裡若保留這些文物，您會有存放空間的負擔，文物愈多罣礙愈多，整理書櫃有感！

　　以前書報可賣錢，如今無處丟棄，豈不是時空改變事物存在的價值？

2021.06.06

29. 啓發性好文

　　每天一早收到許多好友問早道好，禮貌上我不免俗要回覆，如此要花上許多時間，相信很多人亦有此甜蜜的負擔，的確；一些貼圖確實很溫馨幽默感人，值得留存。

　　看到一篇好文，值得保存，值得分享，我會整理後存在部落格，字體放大，俾便長者點閱，我認為是很好的分享。好的觀念能讓人接受或改變，是善知識傳播的另件功德，今早分享「愛老敬老的新觀念」，可以讓年老的人，縮短病榻中的日子，也是善終的福氣，我很認同，特分享之！

　　現代年輕人新求快，用臉書 FB 或 Line 傳遞信息，每天有多少人點閱分享，可是累積資訊太多不易保存，我喜歡分享別人好文，存放部落格，閒來點閱幾年前好文及照片，溫故知新，也是一大享受。

2021.06.08

30. 獨樂亦樂

疫情提升三級警戒延至六月 28 日,外出應全程佩戴口罩,停止室內 5 人以上,室外 10 人以上之社交聚會,有 12 項防疫措施規定,讓人懶得出門。

附近忠誠公園水舞噴泉關閉,體健設施涼亭及舞蹈俱樂部都停止開放,致晨運者稀少,公園顯得冷清,我獨享清靜於忠誠公園,因疫情許多人足不出戶,雖獨樂樂不如眾樂樂,但非常時期的獨樂亦樂。

公園內花木扶疏,榕樹、樟樹、欒樹、落羽松、高達數丈黑板樹、阿勃勒及杉樹,整座公園是濃密的樹林遮陽,置身其中,享受森林日光浴,走累了找個環保座椅,滑手機聽音樂,享受獨處清靜的快樂,感覺很幸福!

2021.06.11

31. 療癒之我見

最近在網路文字經常出現療癒兩字，個人淺見略述如下：

廣義的詮釋：療癒是身心靈三部分，一般狹義的講療癒只談身心，也就是生理與心理。大地山河釋放能量，壯觀奇景是自然界給人最好的身心療癒，人類身心靈的療癒分精神與物質兩個層面。

精神層次如音樂、藝術欣賞、宗教詩歌唱誦祈禱或持咒誦經，修行打坐、冥想、潛意識、催眠療法等心靈層次，電影情節可以觸動喜怒哀樂憂傷悲，另軍人打仗唱軍歌可以激勵鼓舞士氣。

物質層面：享美食滿足口慾，按摩舒暢筋骨，洗三温暖，讓肌膚體會不同冷熱刺激。

最近疫情嚴峻，最佳的療癒是足不出戶、避免感染，出門戴口罩防止空氣病毒，勤洗手，多喝熱水，專家指出蔥薑蒜可殺菌是自我防護的療癒。

日常生活中，有病看醫生吃藥是身體療癒，而心理療癒是透過各種方式進行能量轉化，如冥想、潛意識力量使身心靈的能量回到平衡狀態，一般透過音樂、美景欣賞可以讓自己感到放鬆心情紓解壓力，或一則幽默笑話亦可紓壓，當然每人的療癒與認知價值觀有別。　　　　　2021.06.15

32. 偷閒的日子

　　人生難得有被動偷閒，尤其全球疫情肆虐下，全世界無一區倖免，在一生中難得遇上，人人有無奈的心情，想出國受限制，想旅遊無處可去，只能賦閒居家，自我隔離，一場疫情平安無恙是最幸福！

　　疫情警戒月餘，我的生活別於以往，停止對外的群組聚會，減少交際應酬，生活變得單純簡單，留給真正屬於自己時間多，我陸續花了一些時間整理衣櫥、書櫃，斷捨離許多保存的衣物及書籍，要感謝偷閒的日子。重讀卅年前購買的文經叢書，及好多星雲大師的著作，也看了不少的影集，眼睛沒閒過，友人介紹大陸劇「父愛如山」，一天看兩集，好看但不追劇，時間悠閒過，每天花一些時間戶外健走，不因疫情而停止，這是我目前難得的偷閒。

　　學過獨處生活不一定要深山隱居，靜下心很重要，聽聽音樂、看看美景、遠望藍天白雲，讓心平靜享受獨處，你試試亦可體會。

2021.06.19

33. 轉型的全統會

　　中國全民民主統一會於 1990 年 1 月 21 日在台北國軍英雄館舉行成立大會後，依法報內政部成為合法的政治團體。30 年後的今天，執政民進黨為打壓統派的所有政治團體，於 106 年 12 月 6 日公布政黨法，並規定公布後兩年內政治團體要轉換為政黨，凡未依政黨法第 43 條第 2 項所定期限，修正章程轉換為政黨，經通知期限修正，屆期未修正，茲依上項規定，廢止貴團體立案，爾後不得再以相同名稱活動。以上受文者是擔任現任會長的本人。發文日期 109 年 4 月 27 日。

　　收到此文後即邀請現任榮譽會長王化榛先生及本會兩位名義會長林竹松先生、謝奇翰先生、兩位副會長張屏先生、林秀珍女士、執行長勞政武先生及秘書長等幹部，研商本會今後將何去何從？多次討論並經會員表決，最後取得共識轉型：以「全統聯誼會」繼續運作，每月舉行聯誼餐會，重實質活動不重形式名稱。

　　全國有 42 政治團體被通知要清算財產，本會以本人名義，按規定經與內政部公文往返數次，在 109 年 12 月 2 日欣獲最高行政法院，109 年度裁定第 2011 裁定書，爰於內政部因廢止全國 171 政黨(社會團體)事件，被廢止的政治代表提起行政訴訟，最高行政法院以內政部違反行政訴訟法第 116 條第

5 項規定，大法官 644 號釋憲公告「內政部敗訴」我同仁獲此決議消息，咸認司法正義終於還民：憲法規定人民有集會結社之自由，振奮不已。（如附文）

　　形勢比人強，內政部敗訴後，不再追訴政治團體的後續作業，此事就沒下文，我將此事件原委留下記錄，本會仍延用「中國全民民主統一會」之名，但今後轉型以聯誼會性質活動，保留本會創會之目標：「中國全民民主與中國的和平統一」。在精神上，本會是孫中山先生思想的發揚與傳承者。

　　本會今後不必定期召開代表大會，每三年改選執、監委員、不收會員年費，每年不必向內政部報收支預算表等會務瑣事，從 109 年 8 月分起至今舉行全統聯誼午餐會多次，近數月因疫情警戒暫緩舉行，同仁咸認本會每月的聯誼，邀請會員暨會友舉行專題報告，關心國事，針對兩岸文化經貿問題及養生健康心得分享很有意義，是大家每月共同的期待。

　　　　　　　　　　　　　　　　　　　　2021.06.22

34. 哀悼！懷念！

　　今早得知本會副會長張屏先生辭世，內心哀痛悲傷不捨。

　　民國 16 年生，今年已高壽 95 歲，這些年來身體康健，參加本會舉辦大陸參訪旅遊活動從未缺席，大家公認他最孝順兒子若鎣兄，經常陪他出國旅遊，半年前發現肺癌仍樂觀生命，看淡生死。在台北長青銀髮族協會擔任監事長，每於活動中上台高歌一曲的他，總是平易近人，和藹可親的笑容掛在臉上，給其他會友留下深刻印象。

　　民國 105 年我接任中國全民民主統一會長，特別邀請他擔任副會長，借助他在文書公文業務上的長才，可以協助指導我。他與本會榮譽會長王化榛先生是中央警官 21 期同學，在警界有傑出優秀表現，兩位均以三線三星高階榮退，我敬佩張屏兄，除了熱愛黨國，也一直退而不休，於退警協會擔任警聲雜誌社長，十幾年來將此刊物辦得有聲有色，於任內先後成立國樂社、歌曲教唱、氣功班、卡拉 OK 及國畫研習班，成果斐然。

　　很難忘的是召開全統年會，連續兩年他都主動邀請歌星助興，提供老歌同歡樂，令同仁互動高歌 Hi 到高點，至今仍懷念不已。伊人已逝，又正逢疫情期間，同仁們均不能參

加哀悼致祭，謹以此文代表大家對您無限哀思懷念，張屏兄
有福報得享善終，祝早日前往極樂淨土，我們永遠懷念您！
祝福您！

2021.06.23

35. 養不教，父之過

　　養不教，父之過；教不嚴，師之惰。生育子女，只知道養活他們，而不去教育他們，那就是做父親的過錯。老師教導學生，不只是知識的傳授，也要教學生做人處世的道理。而且對學生的要求要嚴格，如此才能教導出優秀的學生。如果老師教導不嚴格，而沒有把學生教育好，那就是老師偷懶，沒有盡到為人師表的責任。

　　我們三、四十年代，從小吃過苦，六、七十年代的子女却享受較富裕的生活，如今子女養尊處優，家事都依賴父母，今有感為文，想許多父母有同感！

　　我高中畢業後考上軍校，在復興崗四年，自覺慚愧，羨慕許多來自眷村長大同學，他們會下廚，擀麵皮、包水餃、蒸包子、做饅頭、下麵條、做飯煮菜樣樣都上手，南部來的本省小孩，從小父母不讓進廚房做家事，家事都不會，因沒機會學做家事。我學做菜是退休以後的事，51歲退休開始上市場採買，從基本做紅燒肉、紅燒雞、煎魚、炒菜，一些簡單的家常菜，後來試做清燉牛肉、滷豬腳、畢竟是半路出家，摸索一路走來，不能登大雅之堂。

　　如今居家我負責採買，內人掌廚，女兒飯後洗碗，分工合作樂融融，我們都即將邁入八十之年，驀然回首，覺得應

教兒女學做家事，子女總不能依賴我們做一輩子羹湯，子女未婚靠父母，但學會做菜餚是一輩子不求人的事，何樂不為呢？

2021.06.26

36. 落葉之美

這兩天在忠誠公園內看到美景，落葉飄零，金黃色葉落滿地，以形色照相得知是「黃葛樹」，一般稱大葉榕。

許多路過行人佇足觀賞，大自然生命循環，有落葉就有新芽，生生代代交替，大地萬物生生不息，是生命轉換交替，金黃色落葉舖滿地，好美。

大自然環境，能處處留意均完美，今早看到環保人士以吹葉機清掃，落葉美景被破壞，雖是他們的責任，此舉難免令人扼腕，畢竟美價值觀不同，我看到外國楓葉落滿地，在道路保留層層疊疊，可是另類之美！

人人欣賞自然美的角度不同，藍天白雲、青山遠景、小橋流水、遠近瀑布、距離產生美感，看景觀物審美角度如是。四季之美呈現花草，人之美形於文采氣質，寵物之美在於活潑可愛，宇宙事物均有存在之美，你以為然否？

2021.06.27

註：黃葛樹（學名：Ficus virens），又名馬尾榕、大葉榕，也被誤作為黃桷樹。為桑科榕屬落葉喬木，得名於樹根和「葛藤」相似。黃葛樹原產於中國華南和西南地區，以重慶、四川、湖北等地最多。

37. 中國文化基本教材

　　憶高中國文課之一：「中國文化基本教材」，含論語、大學、中庸、孟子、古文觀止等，這是普通高中必修，商工職校只是蜻蜓點水。

　　大陸清末民初最盛行私塾啟蒙教育，那是少數達官貴人及富豪人家享有的家庭教育，教育內容以講解熟背三字經、千字文、朱子家訓、幼學瓊林、昔時賢文為主，可惜我 57 歲在社大進修時才有機會看到這些書，這是中國國學經典，從小如能熟背必奠定國學基礎，當我近花甲再讀這些書，都能理解其意，可惜背誦卻很難。從小學在升學主義壓力下，美術、書法、珠算、勞作、體育等課程都被省略，初、高中亦如是，缺乏五育並重教育，德智體群美只重視智育，缺乏德體群美的熏陶。

　　書法美術珠算勞作，這些是小學必修，如今都空白，德體群美育是大學社團課程接觸慢慢融會力行。從小易學的課程被忽視，及長難以入門。手中一本民國九十年所購國學經典，耳熟能詳的詩詞呈現，驚覺為時已晚，錯過孩童背誦良好時機，如今許多家長要求孩子從小背誦唐詩三百首，不無亡羊補牢心態。

2021.06.30 有感

38. 疫情共業要自保

全球疫情肆虐中　無一國家能倖免
死亡比戰爭殘忍　無形殺手在身邊
社交距離為安全　人人口罩不離身
各行各業都蕭條　旅館旅遊沒客源
冠狀病毒到處跑　防疫措施要做好
共體時艱除病毒　市場分流措施好
採買一次要購足　疫情餐飲大變革
紛紛轉型求生存　停止內用全外帶
公司彈性上班好　學生停課不停學
配合措施要遵守　戴好口罩勤洗手
安全為要群聚少　自主管理很重要
出門應酬交際少　病毒傳播自然少
莫管今天好不好　希望明天會更好
人人遵守共防疫　注射疫苗保安全

2021.07.02

39. 接種莫德納疫苗

　　上個月底施打 AZ 疫苗，有少數人因接種而死亡，造成人心惶惶，許多人猶疑不敢接種，我六月底透過網路預約，順利通知七月三日就近於陽明醫院施打 Moderna CovId-19，我認為接種疫苗而死亡，是個人體質不適或有慢性病引發，不能認定是疫苗的禍害，這是客觀、公平、理性合理的說法。

　　多位親友關心接種之後有無不良反應？我簡述分享施打過程：

　　依約時間前往陽明醫院，從家走路五分鐘可到，院門口即有幾位護士辨證預約號碼，收取健保卡，發號碼牌，專人引領到大廳，井然依序就座，約有百來座位，有考量間隔距離安全，護理人員親切指導下，填寫基本資料，並詢問有無病史及過敏等，專人負責護士前來施打，按壓三分鐘後，要坐下休息十五分鐘後，無不良反應才可自行離去，前後花不到半小時就完成，離開時每人發給疫苗接種記錄卡、接種禁忌與注意事項說明書，約 28 天後網路會再通知施打第二劑時間，因護理人員親切服務說明，讓人倍感溫馨，棄除心理上的不安！

　　目前施打對象是七十至八十歲長者優先，如您在六十歲上下可能要一個月以後，因疫苗不足，按年齡先後施打是公正、公開、公平且透明，不會有爭議。

註：“奇美醫院”的護理師幫大家整理的資訊

施打新冠疫苗前，記得做好以下幾點準備工作：

　　1.不能空腹施打；

　　2.施打前喝溫水 250cc+維生素 C

　　3.注射後不能揉打針處(切記）

　　4.注射後再喝溫水 250cc +維生素 C；

　　5.前後一週要每天吃維生素 C；

　　6.注射後 12 小時症狀最為明顯，可能會有輕微或中度
　　　的發燒！記得多補充溫水或維生素 C；若家中有蘆
　　　薈、可以在水中加點蘆薈汁；

　　若期間出現全身無力、骨頭鬆散狀況，切記定期補充營
養(增加次數)；

　　若您有定期服用慢性病藥物者(高血壓、糖尿病)，切記
一定要選擇吃完食物後，再服食慢性病藥物，這樣身體較無
副作用！

　　施打後，注意需知：

　　1.三天內禁食海鮮類；

　　2.不可飲酒；

　　3.不可吃刺激性食物；

　　4.不可吃辛辣食物；

　　歡迎大家轉傳給身邊的親友～為防疫加油

2021.07.04

40. 懷念老長官

在復興崗公務網看到偉公仙逝，內心難過不捨。

憶與偉公因緣：於民國 73 年調學生部訓導主任，偉公是當時學生部指揮官，他私下聊天告訴我，他歷任部隊軍職，許多學長都是他屬下，因他比同期同學升職快，我是他少數學弟部下之一，我們長官部屬相處近一年，74 年 7 月他調升馬防部主任少將職缺。有機緣有幸與之共事，向他學習甚多。

印象最深刻偉公訓勉：長官部屬因緣關係是短暫的，但建立友誼是長長久久的，我牢記此語也常自勉。與偉公相處一年，學習他領導統御上對屬下的真誠以及待人處世的圓融智慧，受益甚多。他常說政戰幹部升中校是夠本，升上校是賺到，升少將是祖上有德，我們接著問他，那升中將呢？他說祖墳冒青煙，雖是玩笑的話，最後都在他身上應驗了，他先後任職陸軍總部政戰部主任暨國防部總政戰部副主任要職，中將 60 歲屆齡退休。去年 12 月 12 日在國軍英雄館舉行復興崗校友代表大會，偉公以校友會監事長上台講話，散場時我與他握手致意。半年後竟成永別，人生無常如是，相信復興崗校友同感哀慟！日前整理書信，一封偉公於 74 年 9 月 30 日在馬防部寫給我的信仍保存，特分享以示懷念！

2021.07.08 晨

41. 分享的喜悅

有幾位同學，他們的才華藝文，每天分享於眾多群組，成為大家的期待，持恆表現的精神令人敬佩，茲介紹之。

其一、青雲薩克斯風演奏：將吹奏歌曲，介紹於部落格，有作曲、作詞者及歌曲文字，細說創作時代背景，親自錄影演奏，多年來花上不少心血，讓讀者可以聆聽，每天分享。

其二、勵志文圖：每日公布於 Line 群組，美術系畢業的張清民兄，多年來製作花卉文圖，有心蒐集勵志小品文，發人深省，多年前我每月公佈於健群歲月行腳，如今由張宗鑑同學每月整理於 Fb，我每天分享群組。

其三、牡丹大師邢萬齡兄，將畫室教學及作畫作品，分享同學群組，每天加上問候請安字句，倍感溫馨。

其四、我的小品文：記錄個人生活點滴，日常所見所聞所思所感以 500 字短文發布於健群小品部落格，集文出書相贈友好，另健群歲月行腳轉 po 網路正能量好文分享，成立 11 年來點閱人次高達貳百萬，以上介紹是分享大家的喜悅。

透過網路平台，提供音樂、藝術、勵志小品文分享，療癒身心靈，提昇美化生活，讓人心生歡喜，是分享的喜悅。

2021.07.12

42. 照片憶過往

　　74 年班畢業前，第五十屆實習幹部邀指揮官暨訓導主任留影，特別製作相簿分送，我保留至今 37 年，將部分照片翻拍，回憶年輕的容顏，如今這些學生也近花甲，大多數已從軍中退休。

　　歲月不待催人老，同學都即將邁入耄耋之年，自己不覺暮年已至，常喜歡回憶是老年人最愛，我認為只要心理年齡不老，生理年齡只是歲月數字。日前得知指揮官黃偉嵩學長仙逝，憶往昔相處，轉眼是三十幾年前往事，不勝唏噓！

　　民國 74 年復興崗招生訪問團，由我帶各系學生赴南部團管區舉行座談，留下照片分享回憶！

2021.07.14

43. 老化是動詞

　　每一個人都會老，這是人生的定律：「生老病死」。隨著年齡增長，身體生理和心理都會有所變化，年長者都應認識此老化過程，心理上要加以調適。

　　韓愈祭十二郎文曰：「吾年未四十，而視茫茫，而髮蒼蒼，而齒動搖。」可見古時候人老得快，台灣光復時平均壽命 40～50 歲，而反觀現代人，年過八十仍像六、七十。

　　眼、耳、鼻、舌、身、意六識的老化，是日常生活自我感覺最清楚的生理心理變化，人人無一倖免，唯有自求老得慢下工夫。外表藉助染髮、醫美、整容及穿著亮麗讓自己年輕，內在心態心情好都能影響身心靈康健。

　　人人都會變老，老年期正是身體各種機能衰退，老化現象逐漸出現，要接受事實：「老化不是名詞是動詞，是現在進行式。」人活著必逐漸衰老而死亡。

2021.07.17

44. 因緣條件

　　一本好書一部好影片，與您有緣才可看到，天下好文好書何其多，能讓您欣賞更是有緣。因緣條件是因果關係，透過好友介紹或傳送，每天資訊稍縱即逝，既使您博覽群書，好書好文讓你點閱，是因緣和合的機緣。

　　今早吳教授瓊恩兄介紹我看聯合報魏國彥先生「疫情迎來了 WFA 時代」Working From Anywhere 一文。因疫情三級警戒期間，使人類進入上班、學習、運動、烹飪、娛樂、交友等等，都在雲端進行，世界進入「遠端經濟」時代。工作與休閒的界線模糊了，你隨時隨地在工作，也隨時隨地在休閒。公司彈性上班，學生停課不停學，均拜網路視訊之便。

　　同一時空同時做的事情，是全拜網際網路 3C 產品，一心可兩用，如運動健身、做家事都可以欣賞音樂，大家因自主管理，足不出戶，外送食物很熱賣，餐廳改變經營模式，以賣便當為主，印證了上帝關了一扇大門，開了無數小窗，生活形態有很大的改變，您不得不相信，因疫情帶來的因緣條件吧！

2021.07.20

45. 疫情改變生活

　　疫情三級下的生活自主管理，沒有群聚活動、減少許多交際應酬，居家時間更多，如何自我調適生活是重要課題。

　　我除了多看些書報外，還看了許多電視影集及大陸劇，眼睛使用率增加，牢記中醫理論中有「五勞」之說，指「久視傷血，久臥傷氣，久坐傷肉，久立傷骨，久行傷筋。」為了健康，我幸有所節制。

　　友人傳來早晚安貼圖，離不開疫情的問安，此時此刻是最貼切的關懷，打開電視，都是全球各地疫情死亡報導，國內天天報導各地區感染數據，提高國人警覺，這些負面消息，影響人之心情。

　　幾年以後，疫情時段成為難忘的回憶，在人生百年中，可遇不可求的磨難，被大家所面對，很難想像近兩年來因疫情之禍，造成全球四百多萬人死亡，此天災人禍乎？

2021.07.26

46. 追思憶老友

　　兩天前我們還互賴問早道安，上午卻驚聞好友信安兄昨日往生，無常人生確實令人哀傷悲痛。

　　憶民國 43 年我與信安兄同時轉學到麻豆國小三年級，他父親從台南搬到麻豆，在街坊開了一家麵包店，印象很深刻，一個才賣五角的奶油麵包，香醇可口，窮困的年代卻買不起，這是 63 年前往事。

　　初中畢業後，信安兄家搬回台北，我們失聯二十幾年，後來得知他開了一家會計事務所，小學畢業 40 年，我倆一起回麻豆，參加同學會，那是民國 86 年我已退休，看到久別重逢的同學，大家都已年過半百，歲月不待。逾一甲子老同學是很難得的友情，在台北我們雖不常見面，但拜網路之賜每天互通信息，記得去年 2 月 9 日我邀幾位老友在芝山站金山客家小炒聚會，小酌留影紀念，睹物思人更加難過不捨。

　　老友喜歡小酌，愛呼朋引伴同樂，我與肇凱常受邀，記得今年初還一起喝春酒，散席後他提議續攤唱卡拉 OK，不習慣熬夜的我與肇凱先行離去，他很貼心叫了兩部計程車，看我們上車才放心，這分兄弟情如今回憶仍很窩心。寫此文，特請肇凱來句感言：「老友呀老友，永遠懷念，放下臭皮囊雲遊四海，痛飲美酒，解脫了自由了。」　　2021.07.28

47. 不同的人生觀

　　三觀是指世界觀、人生觀和價值觀。三觀一致的人，未必是興趣相投的人，而是相互理解，彼此懂得的人。

　　三觀不同，價值觀有別，因志趣不同，不容易走在一起，有人關心政治、憂國憂民；有人喜歡棋琴書畫、遊山玩水；有人喜歡享受美食、歌唱跳舞；有人喜歡登山健行、鍛鍊身心，這些因緣嗜好，非人人共有。

　　不一樣的人生，不同的家庭背景，表現獨特的喜好，莫批評別人的嗜好。疫情降級之後，公園群聚人群增多，我獨坐忠誠公園，面對中山北路五段與福國路口，看到往來車輛，熙攘人群，憶往昔上班的日子，有感不一樣的人生時空境界。

　　莊子看著水裡的魚說：「魚在水裡悠然自得，這魚真快樂啊。」惠子說：「你又不是魚，又怎會知道魚很快樂呢？」莊子說：「你不是我，怎知道我不知道魚很快樂呢？」惠子說：「我不是你，所以不知道你知道什麼；但你也不是魚，因此你也無法知道魚是不是快樂。」

　　莫以個人主觀認知的喜惡，評論別人與你不同喜好，因人生觀與價值觀有別。好有一比，有人喝茶、喝酒、喝咖啡，個中滋味，非局外人所能品味，這就是個人的價值觀。

　　　　　　　　　　　　　　　　　　　　　2021.07.31

48. 情的疏離

疫情警戒三個月來，發現朋友不常連絡、不見面，人與人之間情分疏離，將所見生活現象略述之。

每天健走的朋友見不到面，左右隣居不相往來，群組的老友只能在網上相互請安，最難過的聽到一些長者、長官此段日子離世，不能參加追思，感嘆人生的無常。

不敢出門怕被感染，人人自危戴口罩，公園裡、捷運公車上、乘客稀少，許多人戴上帽子、眼鏡、防護罩，誰都不認識誰，這些景象到處可見，人與人之情分顯現疏離。

最不方便的是，進出商場、超商、賣場、市場除了週末假日，有人流管制外，須使用手機掃描或填寫資料，下載疾管家掃描簡訊，實聯制 QR code 並將商家代碼送至 1922，對不會使用智慧手機的長者，感到不便。

種種生活制約，如不能群聚聚會，旅遊餐飲業影響最大，餐敘是人與人建立最好的人際關係，也受限制，許多群組定期相見歡暫停，大家都期待解封之後的餐敘，呆在家裡整日與電視手機為伍，久視久坐對身心都不健康。

2021.08.06

49. 風雨有感

　　風聲、雨聲、讀書聲、聲聲入耳；家事、國事、天下事、事事關心。這種知識分子的道德勇氣，如今少有，令人感嘆！

　　八月七日全台豪大雨，尤其中南部災情慘重，巧合的是民國 48 年的八七水災距今 62 年前的歷史重演，這是「盧碧」颱風外圍環流轉熱帶性低氣壓，西南氣流衝擊下的豪雨災害。八月七日午夜醒來，豪雨未停，伴隨雨聲的節奏特別好眠，好久沒有這種感覺。今年五月，全台旱災，各大水庫缺水嚴重，幸六月、七月的梅雨解除旱象，如今因颱風帶來豪雨却成災，雨水過與不及這幾個月最為明顯。

　　風調雨順才能國泰民安，全世界因氣候變遷下有水災、火災、地震等天災，資訊網路每天新聞立即報，許多災情慘重，多少人家破人亡，最近大陸水災鄭州市最為嚴重，搭乘地鐵淹水而亡有之。

　　天有不測風雲，人有旦夕禍福，自古以來是人類的宿命，風雨無情覺有情，平常心視之，處之泰然。

2021.08.08

50. 溫室效應多災難

　　全球因溫室效應下，氣候變遷，世界各地天災連連，最近各國火災水災實錄：

　　一、歐洲野火持續蔓延，雅典以東的希臘第二大島艾維西島陷大火。

　　二、北加州野火燒毀二城鎮，美國加州北部森林野火肆虐，已兩個城鎮成焦土，法新社報導，迪克西野火是美國境內最大野火，是加州史上第三大規模的森林野火。

　　三、土耳其遭遇空前森林野火，愛琴海和地中海諸多度假勝地漫天煙塵，儘管如此，文化旅遊部長埃爾索伊強調，年度 2500 萬觀光客，200 億美元營收目標不變。。

　　四、美國加州中部農業小鎮科倫，因上個世紀抽取地下水灌溉作物，導致地層下陷，據紐約時報報導，自 2015 年以來已經下沉了 1、2 公尺，估計未來 20 年，這座城市還會下沉 6 至 11 英尺，但因農業生產可以提供就業機會，沒人提出批評。

　　五、大陸河南鄭州水患，傷亡無數，各省因風雨造成的傷害不斷發生，是天災無可免。

　　以上列舉天災人禍，天災不可測，人禍可避免，但後者多少戰爭下的傷亡仍持續發生，這是人性爭權奪利的貪婪，歷史上未曾間斷，可悲呀！　　　　　　　2021.08.10

51. 營造好心情

　　晨起打開電腦同時可連線 Line，看到好友傳來人的早安圖，美的圖文，聽到美的音樂，欣賞正能量好文，忍不住要分享！

　　一向早睡的我，不向好友道晚安，大家都能了解，早起的時刻看到的文圖都是美的，一些爭論不休的政治話題、批評的言論，負面的埋怨、牢騷的話，不看不傳，心情不受影響，專人錄製音樂網，美少女身材苗條，是視聽享受，多看好文心情好，多看美女心不老！

　　陶醉好美的音樂，欣賞好美的文采，看看美美的風景，情緒不受外境影響，別人的批評又能奈何?放棄執著的心，一切就是解脫自在，美在心情，樂在生活。煩惱之事能忘記，自由自在樂逍遙，看來營造好心情並不難。

2021.08.14

52. 地球暖化的危機

　　聯合國氣候變遷小組近日發表綜合評估報告指出，地球暖化速度比科學家先前觀察到的還要快，全球均溫很可能在十年內就升高攝氏 1.5 度。

　　預測全球均溫 2030 年代升高超過攝氏 1.5 度，隨之而來的熱浪乾旱及致災性降雨將更為嚴重。氣候變遷損害，千年無法復原，地球暖化加速海平面上升，冰層融解和極端天氣出現，如熱浪原本每五十年才發生一次，現在變成每十年發生一次，如果全球再升溫攝氏度，熱浪將每七年發生兩次。

　　極端氣候近月來，在全球各地發生災變頻繁，以台灣來說先今年五月之前的旱災，近日來的水患加上地震；歐洲各國近來的暴雨引發洪災，希臘、土耳其熱浪引發野火，亞洲的中國大陸河南鄭州的水患也造成重大傷亡，海地 7.2 級地震死傷逾四百餘人，這種現象是地球暖化造成極端氣候的原因。

　　中國全球最乾旱地區之一的新疆塔克拉瑪干沙漠，近年也頻現洪災，如今「沙漠抗洪」不再是笑話，義大利西西里島 8 月 11 日在熱蓋效應下，高溫到約 48.8 度攝氏，創下有紀錄以來歐洲最高溫。湖北省隨州市前兩天發生極端降雨，洪水淹到二樓高，日本、土耳其都釀災，尤其土耳其禍不單

行，南部數以萬計林地野火，北部發生暴洪，兩場天災死傷無數。

　　以上是地球暖化造成水災火災的實證，留下紀錄，也許人類該覺醒，因使用化石燃料正在摧毀地球。

2021.08.16

53. 生活中的無常

　　「人無千日好，花無百日紅」；中國人常講：「富不過三代，窮不過三代」，在在說明，歲月時日改變下的無常。剛看新聞，得悉華國大飯店 10 月底歇業，將吹熄燈號。

　　全球百大企業，多年後就有大改變，興衰本無常是正常。十幾年來，我們幾個群組的聚餐地點都選在華國大飯店，因為認識飯店的 Rosa Lin，她是人力資源部主任，透過她訂席總是熱心安排，並打理菜單，大家感認經濟又實惠。

　　這個因緣下，復興崗師友會、台大軍訓教官同仁及六加四好友，都固定來此聚餐，二樓的長生廳、臨江廳包廂及大廳，常有我們的歡笑聲，每次留影紀念，成為大家共同美好的記憶。

　　繁華落盡，「華國大飯店」即將歇業，50 年的營運，一旦熄燈，熟悉的顧客，定會惋惜、感嘆！無限回憶，令人懷念，是見證生活中的無常。

2021.08.20

54. 愛美的堅持

　　人愛美是秉性，尤其女性，外出必打扮、化粧、穿著亮麗，大多數男性亦如此，一般來說，穿著整潔舒適美觀，讓人賞心悅目，聽說以前日本女性，出門要擦口紅、穿絲襪，也是基本禮貌。

　　將近四個月的疫情管制，沒參加活動，白髮未染顯老態，原先堅持不染髮，因愛美只好妥協。日前與俊歌答應台客至大溪一遊，看到四個月沒染髮，自己感覺顯老，為了見久違的老友，還是妥協染了髮，愛美戰勝我的堅持。

　　好友曾說：女人要年輕，一低、二短、三高，男人要年輕，一穿牛仔褲，二理流行髮型、三穿隱型短靴，我認為應在五十歲為年齡底限。

　　愛美，是女人天性；愛美女，是男人的普遍現象，但是，美要在真和善的基礎上，若不真誠不善良，不能成就美，男人是雄性動物，很難跳脫「柯立芝效應。」

2021.08.26

55. 理性與感性

　　生活中許多人事地物，以理性感性來權衡利弊得失，表現出每人不同的價值觀。

　　以時下最時髦的染髮來說，理性告訴我們，染髮對身心健康有害，感性告訴我們，染髮可顯年輕，女性大部分人愛美而坦然接受，因此染髮成為感性愛美的最愛。

　　日前為文，愛美的妥協下，我不再堅持不染髮，這是理性與感性的交戰。從 60，70 妥協到 80，耄耋之年，則順理成章，白髮蒼蒼亦是美。

　　天下事沒對錯，全看時空條件下，主客觀的認知。不與人爭論對錯與是非，則心平氣和。

2021.08.28

56. 照片憶往

其　一

高中民國 53 年畢業，民國 93 年於畢業 40 年後，我們有 17 位高中同學回到母校，曾文中學(現名麻豆國中)相見，很難得邀請到當年三年導師、英文老師、及數學老師相見，近半世紀的師生情，我們互相敘舊，找回高中的青春歲月。四十年後相見，大家都已年近花甲，都從職場退休，從青年到中年走到老年，無情歲月轉眼即逝，如今又過 18 年再看照片，有人離逝，無常人生，不勝唏噓！

其　二

曾文初中畢業 46 年後舉辦同學會，當年有甲乙丙丁四個班，不同班級但同年畢業，遠從北、中、南各地回到母校，大家見面不相識，互道名字後依稀有印象，慢慢找回記憶，看看照片，六十歲年紀有人老態。承辦人有心請到當年老師莊南山校長，九十幾歲看到大家很高興，特別請來照像師拍照，每人送照片一張留念！如今又過了 8 年，同學中有博士有名醫有藝術家，成就非凡，但也都退休了。

2021.09.04

57. 住家附近公園

住在士林忠誠路，可享受兩處綠地公園，介紹如下：

其 一：天母運動公園

鄰近天母商圈與大葉高島屋百貨公司，占地面積約 16.8 公頃，公園規劃了籃球場、網球場、溜冰場、田徑場、兒童遊戲區、兒童沙坑、露天小劇場、水景等不同運動空間，另有可容納 6 千人、符合國際標準的天母體育場，是許多國際型比賽、台灣職棒的競賽場地，每逢假日或是球季開打，都會湧入大量人潮，到此享受悠閒愉快的時光。

其 二：忠誠公園

位於士林區中山北路六段與忠誠路交叉口，佔地 1.4 公頃，周邊環境屬住商混合、都會性質，是進入天母地區的入口地標。

2021.09.05

58. 分享相簿美景

　　友人李醫師克怡女士，每天晨起走訪公園拍錄照片，將昔出國旅遊以遊記，寫下生活記錄，分享好友。以照片寫日記，註明時地，留下時光的記憶。她有一群昔日北一女畢業的高中同學，經常相邀出遊，歡樂一族，讓人羨慕。退休後做自己想做的事，有自己的生活世界。

　　另一友人，每天一則生活感言，問早於書法草書中，一生中從小研習書法，曾舉辦個人書畫展，集結畫冊相贈。退休後做自己想做的事自得其樂。

　　每天早起欣賞友人的相簿美景及書法作品，一樂也。

2021.09.07

59. 退休有感

　　民國 82 年 8 月離開服務 21 年的母校，告別那朝夕生活的復興崗，心情是難捨。我到另一新環境服務，台灣大學農學院，職務是主任教官，我比同學都幸運，軍旅兩個重要單位都是學校隊職與教職。

　　隊職是人師，教職是經師，自古有「經師易求，人師難得」我都經歷過，且能心領神會，懷念隊職朝夕與學生相處的歲月，至今與昔日學生建立深厚的感情，站在講堂與學生互動，教學相長的經師生涯，前者達 13 年，後者達 10 年，部隊生活 4 年這是我軍旅生涯難忘的經歷。

　　今年退休已邁入 27 年，當年 51 歲，如今已 78 歲耄耋之年，歲月無情總有情，畢竟對人人是公平，期許暮年生活是愉悅且多采，平安健身保健康，與好友歡聚歌唱，享受人生，夫復何求。

2021.09.09

60. 溫馨同學情

　　長松兄傳來一則信息：剛拜讀歲月留痕「健群小品」第五集之 216「空軍同學聯誼」，內文末提到安民兄送你們參與者一張當年三軍四校畢業照，我一直缺這張，不知怎樣可購得，你可否指點迷津一下？

以下是筆者與安民兄的對話：

　　安民兄早安！上次送贈我們的畢業照還有存貨？

　　信義兄早安！上次所準備的畢業照已送完，之後，第七中隊同學又向我提出需要，我又按人數加洗，也全部送完。

　　如您有需要，我再去加洗，可也。沖洗好後再寄予您，唯可能要時間等。

筆者：如再沖洗就不必破費，謝謝！

　　信義兄，剛剛把畢業照寄出，因明天及後天郵局或許休息，所以大概於下週一才可接到。我是寄到您府上士林區忠誠路一段。

　　安民兄：是我教授班長松兄看到我為文，得知您贈送空軍同學畢業照，向我詢及可否加洗價購，卻勞煩您破費，我代他致謝。

　　安民兄 2020 年 11 月 25 日，主辦空軍同學會兩天一夜茂林國家公園遊，特別準備一張當年三軍四校聯合畢業照，放大長 300 公分寬為 45 公分，贈送與會同學，這是當年我們與蔣公伉儷的珍貴合影。得知此張黑白照加洗一張要一千多元，讓安民兄破費，這份同學情無比溫馨，特別留文。

2021.09.12

61. 人師經師

　　古云：「經師易求，人師難得」，有多少人能瞭解其意。經師，謂專門名家，教授有師法者；人師，謂謹身修行，足以範俗者。這就是說，所謂經師，古代指講授經書的講師，授業解惑的老師；所謂人師，指的是品行高尚，可以做別人道德表率的人。

　　經師只在教室課堂傳授專業知識，課堂外的生活不必受到檢驗，而人師其言行舉止，都要受到「十目所視，十手所指，其嚴乎！」比喻一個人的言行，受到眾人的監視注意，不可不慎。當今經師有多少人能做到？學校教育的小學老師，容易做到小學生的人師，軍事院校的隊職官、部隊的帶兵幹部都是人師，因為朝夕與學生部屬相處，言行舉止潛移默化直接影響。如今大學教育重視經師的專業知識傳授，一些留洋回國博士，在衣服穿著隨便，短褲球鞋上課，一改傳統為師者服裝整齊的莊嚴典範。

　　時代在變，潮流在變，但不變的應該是為人師者表率，可惜世風日下的師道已沒落。師者，模範也；道者，道體。換言之，老師就是模範的意思。即如韓愈〈師說〉：「師者，所以傳道、授業、解惑」中所指的道。而其簡單幾個字不僅將教師的角色突顯出來，亦透露其內涵實是任重而道遠。所

以，談師道首重師者之「道」。人師不易，在做到言行舉止及品德足以為學生表率，請問當今為師者能做到者幾希？

2021.09.16

62. 情滿四合院

　　數年來看了不少大陸連續劇，主要是劇情不長約三、四十集，加上有共同語言、有相同文化背景、風俗習慣，宣揚忠孝節義及歷史故事。

　　《傻柱》情滿四合院 46 集，我每天只看兩集，23 天看完，在友人的極力推荐下，果然看到老北京保留下的四合院。

　　不宜沉迷，避免久坐，在電腦螢幕觀賞，四合院幾十戶人家生活，朝夕相處，有深厚的情感，雖沒有隱私，但大家從小看大，守望相助，敦親睦鄰，有幾戶人家勾心鬥角，但彼此終能有福同享，患難與共，四合院凡事有三位大爺商量解決，幾十年之後建立不可分的友誼，在市領導保留古蹟下，同意成立幸福家園，共同生活一起養老，這是一部溫馨感人的家庭倫理劇，簡介劇情如上。

　　《情滿四合院》電視劇片頭曲　　歌手：張江
　　專輯：最長的情話
　　　　人生如水歲月如茶
　　　　越泡越醉香
　　　　越久越綿長
　　　　越喝越難忘

傻人不傻

真心不假

同個屋簷下

不問你我他

不知不覺有一個冬夏

平淡故事中

吵吵鬧鬧聲

生活難免磕磕碰碰

相扶相伴著

笑和淚翻湧

心會痛是因為情濃

起起落落中

得失看太重

不如活得從從容容

有你的地方就是家

哭和笑都真實表達

簡單無需複雜

陪伴是最長的情話

我用一生去傾聽它

讓我用愛回答

2021.09.20

63. 疫苗施打兩樣情

　　疫情嚴峻下，施打疫苗是最好的安全防疫保障，可悲的是政府疫苗供不應求，年長者及醫護人員優先，等候的後五類遙遙無期。我是 75 歲以上的長者，七月三日施打第一劑疫苗，却等了 11 週才預約打了第二劑，在一劑難求下，大家在網路上爭先預約。

　　網路上紛紛傳來施打各種疫苗的副作用，有老中小因施打之後猝死，造成人心惶恐，我認為人人健康狀況及體質各異，產生副作用的後遺症不一樣，也許比例很小，但造成怕死的心理壓力是存在的，尤其有慢性病的老人，更是遲遲不前，甚至放棄施打。

　　我日前施打莫德納第二劑，沒有什麼不良副作用，許多親友關心詢問，我認為人人要打疫苗，一則防止被感染，二則求其放心，既然是全世界各國的防疫政策，施打疫苗成為旅遊通行證，對己對人有利，何樂不為？

2021.09.24

64. 物必壞空

宇宙萬物離不開「成住壞空」，凡物品均有使用期限，端賴保養與修理才能延長壽命，再貴的單眼相機，沒有修理的價值，也只好讓它毀滅。

成住壞空應用在生活事物是必然定律，凡一切「有為法」(註)都是從因緣中出生的法，必有因果定律，三十幾年前大弟轉送一台全日製 MIN-LTA 自動單眼相機，日前發現電磁巢已完全氧化腐蝕，實為可惜，認清事物壞空的必然，心中釋懷。

近十幾年來數位化智慧型手機已取代相機功能，方便隨照即傳，傳統相機成為專業人士所用，如專業攝影、賞鳥協會、拍攝山景、賞花卉等。惜保存單眼相機已被淘汰，目前使用數位化相機以記憶卡取代底片，可照數千張又方便保存，是電子產品的另一次革命。　2021.09.29

註：從因緣中出生的法，稱為有為法。有為法分成色法、心法、不相應行法。依次舉例如：瓶子、心識、有情。反之，不是從因緣中出生的法，稱為無為法。比如虛空、法身、空性。如《大乘百法明門論解》提到：「言無為法者，即不生不滅、無去無來、非彼非此、絕得絕失，簡異有為，無造作故，名曰無為也。」

65. 什麼是愛

　　如果你愛一個人就沒有自己了，他受傷了，你會比他疼，他受苦了，你比他還難受，他要死了你用自己的生命去救活他。短短幾句話詮釋了什麼是愛。

　　我們常說愛是無怨無悔，愛到深處無怨尤，心甘情願，歡喜做甘願受，這就是愛。基督說愛：是恆久忍耐，又有恩慈；愛是不嫉妒；愛是不自誇，不張狂，不做害羞的事，不求自己的益處，不輕易發怒，不計算人的惡。（哥林多前書）13：4-5

　　愛表現在親情、愛情、友情，是有緣的愛，是感性勝於理性，這種愛被昇華是感情的激化，佛家所說的愛是無緣的大愛，對有緣者、法緣者的慈悲是親情、友情，對無緣的愛是大慈悲的愛，能做到者不易！

2021.10.02

66. 學長學弟情長久

　　是復興崗學長學弟因緣，讓彼此半世紀見面情誼依舊。

　　話說民國 53~56 年的同隊生活，如今彼此住在咫尺，因地緣相見易，在忠誠路對面 100 巷與 147 巷，算是隣居，上午送書之緣，柯學長建國兄盛情邀約，同往陽明山杉木林餐廳，巧的是學長兒時隣居享民兄，亦是我同學，難得相見歡，餐敘中有太多學生時代共同回憶。永遠的學長學弟情，是復興崗教育孕育下的一生情，大家都很珍惜。杉木林餐廳室外有一、二十桌，疫情期間很適宜在空曠室外用餐賞景，曹老板與柯學長夫婦是十多年老友，特別陪同小酌，我們午間用餐聊到傍晚，談到共同認識的朋友，情更濃。

　　有幸在復興崗服務 21 年，建立許多學長學弟情誼，歷久彌新，是我此生最大的收穫。

2021.10.04

67. 作家達人

　　二十幾年前我們一起服務於台大軍訓室，引陳自述：一九九五年，「決戰閏八月」和「防衛大臺灣」兩本書相隔數月出版，一時在臺灣地區「轟動武林、驚動萬教」，讓我突然紅了起來。我原來準備要退伍，報告已上呈到教育部，人紅了，升官的機會也有了，竟因出版這兩本書，升了上校，說來有些神奇！這是民國 85 年的往事。

　　福成兄退休二十多年來，創作不斷，包括詩集散文、小說及文史哲書籍，近年來曾出版科幻小說，豐富的想像力是集智慧與寫作的天分，令人讀之拍案叫絕，疫情半年來，他自我居家完成七本大作：1.地瓜最後的獨白 2.甘薯史記 3.芋頭史記 4.龍族魂 5.歷史與真相 6.大航海家鄭和 7.蔣毛最後的邂逅。

　　平均每月出書，在作家群中少見，前些日子以昔數十年的照片創作詩文，我們常在他的作品中出現，以前說著作等身，現在可以說他是著作超身形容，他近兩百本著作典藏國家圖書館、台大圖書館及大陸許多大學，了不起是他從小養成寫作習慣，如今下筆如神。

　　值得一提的是，他從小生長在鄉下農村，練就一口流利的閩南語，很深奧的台灣俚語從他嘴中說出，連我是道地的台灣人都不如，佩服他的博學多聞與他多讀了研究所有關吧！　　　　　　　　　　　　　　　　　　　2021.10.09

68. 作家達人（續）

　　每篇小品不超過 500 字，方便閱讀，因長篇大論乏人問津，上文介紹作家達人，語有未盡，續介紹！

　　參加許多群組中，福成兄最細心熱忱，隨身帶本行事曆，記下每次協調好之聚餐時地，事先以 Line 提醒，我們都依賴他的通知。

　　全統會召開年度大會，請他當記錄，會議結束記錄已完稿，不必修改即可派上用場，這速記功夫無人能比。

　　更令人佩服的是參加大陸旅遊參訪，回國後不到一個月完成遊記出版，更神奇的是他未隨行參訪，有各景點行程，也難不了他。

　　我小品文出版，承蒙他的啟蒙鼓勵，他是我出書的貴人，一次生兩次熟，如今已完成第五本出版。

　　得知他近十年來以本名出版，以前有不少筆名：藍天、鄉下人、古晟、司馬千、司馬婉柔等，各位好友有興趣可搜尋谷歌網，可以看到他許多的著作。

2021.10.10

69. 日子過得眞快

　　光陰似箭，歲月如梭，小時候對時間認知的概念，七十歲以後感覺日子一天天過、月月過、年年過，不知不覺已邁向暮年，在年輕人眼中是老伯伯、老奶奶，自己還覺不老的同時其實已老。

　　如今五十歲以上就有資格參加銀髮族，社大對六十歲以上者有長青大學班別，學費優待，鼓勵退休長者終身學習，您會發現老化年齡層比例年年升高，政府推出長照計畫是對長者最好的福利。

　　「當你老了」、「珍惜」兩首歌曲，感動許多人眼淚，置身其中的我們是否能洒脫看待？其實歲月對世人是很公平的，快慢在於你心中的感覺，年老特別珍惜的感覺是：「日子過得真快」。

2021.10.14 重陽節

70. 久違社大同學

　　社大同學近二十年來每月聚餐未曾間斷，這波疫情影響下，將近有半年未曾聚會。

　　上午在順和賢伉儷臨時號召邀約下，我們有九位同學11：30準時在復興崗捷運站會合，轉乘兩部小客車往北投貴子坑教學園區，這是一處開放園區，提供許多休閒坐椅，我們乘坐戶外，享受北投一家很有名梁社漢便當，餐後有貼心的咖啡加美酒，咸認相見好氣氛好心情，大家閒話半年生活情，可惜有五位上班族同學未能參加。。

　　七年社大同學情，延續了十幾年的每月聚會，建立資訊群組，每天有信息互動，是因緣聚會，大家都很珍惜念想這分情誼，期待長相聚好心情。

2021.10.18

71. 電子信箱

　　十幾年前不使用 E-mail 電子郵件是落伍，曾幾何時，如今大家都很少使用它，我幾乎忘記如何收發傳送。

　　日前打開電腦進入郵件信箱，多年來累積有一萬五千餘件，未曾點讀，幸在臉書及賴同步出現。資訊進步神速，如今智慧手機功能等於一台小型電腦。臉書及賴完全取代資訊傳輸，大陸通用的微信也全球通用，打電話免費又可視訊，這是以往不可思議的夢想，如今都實現，難怪家用市話已失去功能，一次又一次的調降。

　　人手一機在捷運上、在公車上，人人都是低頭族，老中青少無一例外，形容手機是 21 世紀人類的鴉片煙實不為過，明知 3c 電子產品對視力的傷害，也經不起它誘惑的魅力，您認同嗎？

2021.10.21

72. 感恩好文重現

　　每天 Line 上許多養生保健、勵志文粹、幽默小品、世界奇景及歷史珍貴影片，重覆出現，肯定是公認好資訊，再看無妨，有時發現失去的好文再度呈現，失而復得，喜悅上心頭。

　　百讀百看不厭的好文，是正能量的加持，也是最好的學習，增長見聞，我儲存於記事簿可經常點讀，拜資訊網路的傳播，我樂於分享群組，希望好友不埋怨資訊的重覆傳遞。

　　人有健忘通病，好文再現，溫故知新，每天有新的資訊，日積月累必然有許多重覆，請以感恩的心情，選擇所愛，幾位友人，經常回應所感，互動分享，文字上禮尚往來是禮貌，特別溫馨。

2021.10.22

73. 累積多年的郵件

　　打開 E-mail 信箱，累積有多達 15000 多封郵件，從 2015 年 2 月~2021 年 10 月，多年都未點閱。幾年來使用 Line 傳送信息方便，信箱只利用部落格及臉書分享文章，花了近半小時刪除郵件，減少電腦記憶體容量。

　　我的老校長許老爹於 2017 年傳封「從容老去」一文，特別轉傳於部落格分享，如今高齡 103 歲的長者，還經常在臉書發表大作，如此高齡長者，讓晚生的我們欽佩不已。最近拜讀高齡 104 歲的張祖詒老先生，他出書著作，留下許多珍貴近代史實。蔣經國晚年身影 2009 年、帝珍集 2012 年、高齡九十以上，思維文筆行雲流水，從民國 61 至 77 年為經國先生掌理文翰，頗負時譽。

　　古人說：盡信書不如無書，許多知識各說紛紜，現在資訊網路信息多，如何選擇正道，亦是人生智慧。我發現長壽秘訣之一，老年仍能不斷學習，如使用電腦及 3C 產品，讓自己知識跟上時代，終身學習者永不老。

2021.10.27

74. 臉書照片的回顧

　　臉書日前出現一張四年前的回憶照，當年高齡九十歲的王先生親自協助我栽植一株榕樹，種在芝山岩小山坡上。

　　王先生每天提水澆樹，我不及他的熱忱，有一天他告訴我說榕樹被人拔除，應是芝山岩環保人士所為。芝山岩是原始林保護區，林木花草不准任意栽種。他說在平地種植比較容易照顧，事隔半月後他先後找來樟樹樹苗兩株，要我親自栽種，我倆共同呵護澆水，如今三年多，已分別長成兩丈高及一丈高，每經過必佇足欣賞。

　　要感謝王先生助我完成植樹心願，蘭學長勉勵我人生要做三件事：

1、要出書著作出版

2、要傳宗接代延續

3、要種樹留下紀念

　　憶民國 69 年在復興崗服務，在當年外文館前，督導種植龍柏 20 株，事隔四十年後，如今龍柏已有兩層樓高，幾年前回母校特別留影紀念，如今小小心願都能完成。

2021.10.31

75. 台大志工值班

　　因疫情警戒，5 月起至 10 月，台大志工服務暫停，今 11 月份始恢復值班。我趕上第一天輪值，時間真快，有半年沒進出台大校園。

　　疫情雖稍緩，第一行政大樓大門仍關閉，只留側門進出，便於人員管制，今到校值班，校園除行政人員上班、學生正常上課，顯得冷清許多。

　　難得值班清閒，翻閱「歲月留痕」，重讀 2019.03.28~ 2021.03.27 的小品文，有文字的記錄，時光回憶浮現眼前，彷彿如昨。

有感雜記詩幾首：

時光歲月喚不回　留下記憶在小品
點滴生活難忘懷　樂活當下最逍遙
陰晴圓缺本來是　悲歡離合因緣是
喜怒哀樂眾生是　愛恨情仇有情是
有生有死自古是　杞人憂天何苦是

2021.11.01

76. 登山健行相見歡

今日上午參加台大登山社健行活動，今年因疫情有半年沒舉行，人人都是績優獎，可以領取遮陽帽一頂，我們三人領取不同顏色帽子留影紀念。

中午約了彭社長在「擱再來」海鮮熱炒，物美廉價生意很好，好友小聚小酌樂融融，餐後與俊歌前往國防部福利中心眼鏡部，享受榮民每兩年可配給老花眼鏡，這是榮民的福利。因地緣順路拜訪昔台大軍訓室一位同仁，後來他轉任總統府服務，整整有二十多年未曾見面，老同事感情依舊，相談甚歡，歲月不老人已老，當年三十幾歲的他，再幾年之後即將退休，我們分別在總統府留影紀念！

今天收穫滿滿健行、聚餐、配鏡、訪友四件事都很開心。與陳兄加上 Line，他回了一首七言詩，懷念彼此昔日同事情，特摘分享！

台大老長官蒞臨　　總督府舊地重遊　　身強體健趴趴走
往日情懷追憶深　　老部屬依然勞碌　　感念照顧恩澤深
期待相逢話當年

2021.11.03

77. 聯誼餐敘相見歡

　　因疫情而停止半年的聯誼會，今天中午在天成一樓天美廳舉行，盛況空前，席開六桌，老友相見歡喜。

　　會前我請大家起立，為我們敬愛的張屏副會長默哀一分鐘，表達對他永懷思念之情。

　　我請秘書長宣讀榮譽會長王化榛先生提案：「籌組世界大同促進企劃案」，以高齡95之年，還心念孔子所述禮運大同篇的理想世界，希望由本會提出成立此社會公益團體，如能比照扶輪社、獅子會國際性組織，必能發揚光大之，本提案將透過管道，借助有財力之大企業家提供基金，早日能完成籌組世界大同促進協會。

　　會中請到高齡90歲的貴賓左鳳聲先生談：兩岸中國人的理想，他強調不是那一方要統一對方，而是兩岸能和平共融於中華民族，沒有戰爭。

　　本會執行長勞政武博士提出呼籲，本會應採具體行動，希望全球孫中山信徒，一起努力完成兩岸統一民族復興的國民革命第五期任務，善盡知識分子的一己之力。餐前全體與會人員拍了大合照，許多新朋友認同本會的宗旨，答允每月參加，老朋友能常相見是人生大喜事。

2021.11.08

78. 老同事情依舊

　　最近先後見到兩位台大軍訓同仁，是我退休 26 年來彼此第一次見面，大家都住台北市，足證不連絡不易相見，同住台灣的老朋友亦如是。

　　憶當年我在台大服務有四十八位軍訓同仁，總教官一，七學院各有主任教官一，四十幾位男女教官，經過一、二十年的改變，學生已不修軍訓，女生不修護理，軍訓教官淡出校園，如今軍訓室改成校安中心。

　　憶苦思甜，我們曾經走過那段抗爭歲月，校務會議中不斷有教授提議，要求軍訓教官退出校園，一二十年後成真，彼此相見有難忘的共同回憶。

2021.11.12

79. 群組聯誼情更濃

　　我參加許多群組，凡有定期或不定期的活動聯誼，彼此情誼熱絡，反之感情較疏離，中國人說見面三分情不無道理。

　　有半年多因疫情而停止的聚餐，本月份開放，許多群組參加聚會比往昔要熱絡。上週一 11 月 8 日午全統聯誼會席開六桌，本週 11 月 15 日 18：00 台大軍訓之友聯誼餐會，在鉅星匯宴會館，坐滿一桌 15 人，週二 11 月 16 日午復興崗師友會，在天成大飯店 301 室，席開兩桌，老朋友半年多沒見，大家愉悅憶往，熱情如昔。

　　台大軍訓之友成立有年，我們都是二十幾年前在台大服務的軍訓同仁，如今訂期輪流主辦敘舊，情誼依舊；復興崗師友聯誼會由副校長林恆雄將軍號召下，我們曾在校服務師友們成立群組，都是先後期學長學弟，如今退休享受無官一身輕的快活生活，由副校長不定期召集大家旅遊玩樂。

　　大家都退休，能經常與老朋友聚會，回憶過去，聊聊現在，彼此關懷，暮年生活離不開吃吃喝喝，人生一大樂事，老了有歡笑。退休享受沒有壓力的生活，良好的人際關係加上快樂好心情，是公認健康長壽最佳條件，您我都能擁有。

2021.11.16

80. 老同學

　　提起老同學，各求學階段都有，唯經常聚會見面者情深。

　　台北有十個高中同學，每三個月至半年聚會，見面話談高中三年生活的共同回憶，彷彿如昨。復興崗同期同學有三百多人，每年固定的春節團拜，維繫十幾年，因大學四年朝夕相處，彼此認識，尤其同隊、同系、同班同學感情深。

　　彰化同學文漢兄上午來訪，我們從 53 年至 57 年四年同班，建立深厚友誼，退休後彼此未曾間斷連絡，如今坐七望八，經歷近一甲子歲月的同學情，見面話當年，記得民國 54 年他介紹我認識他大伯，星期假日常做客，大娘的美食佳餚，大伯總會取出以金門高粱要我們陪他小酌，我倆初嚐高粱美酒，辛辣回香，回憶起這段青春歲月，那是 56 年前的往事。後來大娘成了我乾媽，我懷念台北求學有家的溫暖，乾媽三十幾年前隨大女兒到美國，回國總會見面，如今百歲，因失聯多年不知是否安在？

　　欣賞莫言一段話：

　　　　找一個理由，和同學見一面，不為別的，只想一起懷念過去的歲月，一口老酒、一首老歌，熱淚盈眶。

找一個理由，去和同學見一面，不管混得好還是混得孬，只想看看彼此，一聲同學，一份關切，情誼綿長。

找一個理由，去見一見同學，時間一年又一年，青春已逝，年華已老，一聲珍重，一句祝福，感同身受。

找一個理由，去見一見同學，這是我們最信任的人，大碗喝酒，大聲唱歌，一生兄弟，一世姐妹，地久天長。

有同學的地方，無論是鬧市還是鄉村，都是景色最美的地方。

大家坐在那裡，說著過往，摟著肩膀，拍著胸膛，如同看到了彼此青春的模樣。

因為同學，讓我們找到了歲月的光芒萬丈。有同學的地方，無論是大魚大肉還是小菜小湯，都是讓人沉醉的地方。

你我端著酒杯，不說話，頭一仰，全喝光，那種感覺只有你我能夠品嚐。

因為同學，讓我們忘卻了工作的繁忙和慌張？

同學是前世的債，今世的情，常來常往，格外芬芳。

有同學的地方，就是景色最漂亮的地方。

81. 澎湖行有感

　　三年前我參加好友俊歌導覽澎湖三日行，今年 11 月參加另一好友愛真召集舊地重遊，八人旅行團從台北搭機抵澎湖，即有專任導遊陪大家三日遊。

　　要細訴三天的行程在遊記中，先寫下一些感想：

1. 八人搭 45 人座甲型遊覽車前往預訂景點參觀。
2. 八人包下進駐飯店，因非假日遊客稀少。
3. 三餐自理，我們選擇不同風味的早、午餐，晚餐是桌餐可小酌，盡興不在話中。
4. 各景點都留下團照，女生海邊留倩影尤媚。
5. 各景點有小陳導覽解說，帶大家購買澎湖特產，先品嚐後購買，體會採購快樂好心情。
6. 澎湖冬天的東北季風，果然讓大家很有感覺。
7. 到處可見豪華型別墅建築，都是觀光民宿。
8. 保留古老眷村，介紹紅遍兩岸的民歌王子潘安邦及創作歌手張雨生故事館，讓大家回憶懷念不已。

　　與好友相約的自由行，是退休者在時間及體力上都可勝任，是享受當下樂活生活的實行者，我們都做到了。

2021.11.24

82. 生日賀卡

　　每年收到錦璋同學的生日賀卡，佩服他對同學生日的記憶與祝福，持續幾十年如一，這就是他人格特質，他這分心意與恆心；這分毅力與堅持，是我們所望塵莫及，許多同學至今仍保留他每年寄送的生日卡。

　　獨特印製的生日賀卡，再用鋼筆工整書寫，永不褪色。拜網路之賜，上網的人，會在臉書上收到好友生日的信息，眾多友人的祝福，很難做到生日保密。

　　今天收到寄來的生日賀卡，我即以 Line 回：錦璋兄如此心細。農曆生日都記得，生日前夕，及時收到您寄來的賀卡，倍感溫馨感恩！特分享好友。

2021.11.25

83. 澎湖行（1）

　　同一旅遊景點，不同時空、不同人員，旅遊的心情是不一樣，三年前我們有六人澎湖自由行，三年後我們由旅行社安排舊地重遊。經協調得知交通部觀光局秋季離島旅遊補助每團二萬元，對我們八人來說，等於每人有 2500 元的福利。

　　我們提前到松山機場，發現旅客甚多，原來是疫情期間大家不能出國，但可以前往台灣離島，如金門、馬祖、南竿、北竿、綠島、蘭嶼，我們搭乘華信航空螺旋槳中型飛機，可望遠近藍天白雲及台灣海峽，城市道路街景盡收眼底，50 分鐘航程即抵澎湖機場，旅行社來了一部大型遊覽車，小陳是三天的導遊。大家未午餐，小陳即帶往一家小吃店，海鮮麵讓我們解飢。

　　因天氣好，小陳將明天行程先安排，參觀湖西林投公園，抵隘門沙灘，又到白灣咖啡館休息，享受度假好心情。下午五點來到奎壁山摩西分海，眾多遊客準備退潮徒步，可惜因潮水退潮太慢未能開放，只好照相留影。

　　晚餐請澎湖好友光正兄預訂嘉華大飯店附近一家海鮮餐廳，光正兄帶來一箱名產干貝 XO 醬相送，並帶來金門戰酒一瓶，欣逢大弟坤德生日，大家杯酒祝賀，餐後光正兄熱誠

邀請，我們前往他府上，卡拉 Ok 歡唱，直到 21：30 分始回飯店休息，結束第一天行程。

2021.11.26

84. 澎湖行（2）

　　八人行動好協調，早餐享受此地有名的土魠稀飯及煎炸小魚，平時難得吃到的美味，大家有舌尖的幸福，相約明天再光顧，雖然後來找到馬公早餐一條街，但與住宿飯店稍遠。

　　上午前往白沙西嶼到風櫃聽濤，到白色沙灘海水浴場留影，體會到澎湖冬天的東北季風，沿海岸蓋了許多別墅型飯店，因疫情期間遊客稀少。中午導遊安排一家小吃店，我們品嚐有名的小管魚麵線，幾個小菜感覺有澎湖味道，下午到子午鎮風塔，有兩座號稱澎湖最大的石敢當，是附近漁船航行的重要指標也是在地人文風與習俗。

　　晚餐請導遊介紹附近海鮮餐廳，愛真帶了一瓶 104 年份 58 度金門高粱酒，慶祝大弟坤德生日，大家興致舉杯祝賀，步行回飯店休息，有幾分醉意難忘。

2021.11.27

85. 澎湖行（3）

第三天的行程：

1. 參觀通樑古榕，三百多年的滄桑歲月，仍在澎湖惡劣的環境下生生不息，堪稱澎湖第一神木，令人讚嘆。

2. 跨海大橋是連結白沙島與跟漁翁島，是旅人心目中的澎湖地標，導遊特地大家取景留影美美團體照。

3. 眷村文化園區，是全台最老眷村篤行十村，有大家童年記憶，尤以外婆的澎湖灣，紅遍兩岸的民歌王子潘安邦故居，創作歌手張雨生故事館，讓大家懷念不已。

4. 二崁古厝聚落，看看澎湖的閩南建築，古樸中帶著濃厚的文藝氣息，牆裡牆外書寫漢文以閩南語讀來令人叫絕，導遊詳解知其意。

5. 回馬公市區，導遊帶我們徒步往順承門、開臺天后宮、老街、中央施公祠、萬軍井、四眼井，經講解說後才瞭解蘊藏著感人的故事與悠久歷史，值得一遊。

下午有足夠時間在免稅商店喝咖啡，導遊不忘帶大夥到媽宮食品工廠採購，當地海鮮特產，如海苔、黑糖糕及干貝小魚等食品，大家花錢買到好心情，大包小包可直接上機場。三天兩夜行程大致留下記實，體力上如能負荷，旅遊的心情是愉快。

2021.11.28

86. 隊職情緣

　　民國 63 年～65 年擔任連隊職，當年畢業學生已逾花甲之年，這幾年他們分別在南部及北部辦十隊同學會，邀請我參加，我很珍惜這份情，欣然應邀。

　　今天在 22 期利維明召集下，有 22、23 期、專科一期學生計 14 人，並邀請當年訓導員、區隊長及我參加，我送與會同學每人一本小品集。當年我與隊上學生相差十來歲，擔任隊職官管教訓職責，以和顏悅色帶他們，沒有代溝，相處融洽，建立永遠友誼，這是我最大的安慰。

　　今天他們提前為我慶生，我祝福大家有生之年天天快樂。多才多藝的岡祥同學今天唱「祝你幸福」，以國語、英語、法語及西班牙語獻唱，我切蛋糕齊唱生日快樂歌，亦祝福大家有生之年天天快樂。

　　摘錄學生兩則祝福：

　　學生時期：復興崗學生連隊第十連 —— 輔導長蔡得勝（曾任職國家安全局長）

　　連長 —— 吳信義今天生日
　　昔日連隊學生相聚士林天母「劉媽媽抄手」餐廳
　　為老連長舉行慶生餐會。　　　　　～岡祥

師恩永懷！不忘教誨！
松鶴延年，山河並壽！
恭祝隊長：生日快樂！　　　　　～進益

2021.12.02

87. 良師益友憶友情

一年前我參加陸光劇校二期的師友會，今年再度應邀參加，召集人是當年他們的隊職官，也是我同學，今天特邀神秘貴賓，亦是他的上任組長，並邀請到當年的輔導老師麗麗女士，她遠從高雄參加此盛會，整整半世紀未見，大家喜相逢。

若不是同讀陸光劇校，先後兩位訓導組長今天都見了面，當年十來歲的青少年，如今都已花甲之年，歲月不老人亦老，召集人說很珍惜一年聚會一次，希望以後每年都要見面。回憶年輕歲月有共同的甘苦，如今兄弟妹相稱，良師益友是人生難得的因緣。

召集人有心，準備精美蛋糕，大家共唱生日快樂歌，祝福有生之年天天快樂。並備了四分禮物，出了四道題，有獎徵答帶動餐前氣氛，老組長提議大家自我簡介，讓彼此能認識，得知許多人堅持本職學能，亦能進修深造，在座有名導演、名演員、有從事教職，陸光劇校培養不少演藝人才，有目共睹。坐滿十七人一桌，召集人準備陳年金門高粱、威士忌及紅酒，杯酒交歡談往事，人生至樂。

我認為台灣兩千三百萬人，能有機緣同時地見面聚餐，是因緣修來的福。　　　　　　　　　　2021.12.04

88. 小別喜相聚

　　十幾年來社大同學每月聚會，因疫情而中斷七個月，今喜相聚於石牌福園餐廳。

　　同學相見聊談別後，社大同學年齡差距一、二十歲，因相處日久沒有認知上的代溝，磁場相近，大家很談得來，相互敬酒小酌，誠如古人所言：無酒不成席，無酒不歡，享美食佳餚不捨離席，酒足飯飽，順和夫婦提議到竹圍，在圓滾滾咖啡廳訂了十六人座，各別點咖啡、冰淇淋、振圃兄從美國帶回巧克力，分享舌尖幸福。

　　隨後大夥沿著竹圍淡水河邊步道，散步健走，天氣甚好，享受戶外陽光及河濱美景，走了四十多分鐘，來到紅樹林捷運站，結束下午的歡聚，寶釧為大家拍照留念，相約下個月見。

2021.12.05

89. 影劇系聚餐

　　我們 14 期同學會為鼓勵大家能常相聚，規定凡系或教授班會餐，每年由公費補助 2000 元，幾年下來只有新聞系、影劇系舉辦，新聞系一年四季每季聚會，影劇系一年兩次，他們人少容易召集是主因。

　　影劇系北部固定九位同學參加，輪到主辦者通常會多邀幾位同學參加，一桌 12 人熱鬧些。幾年來我是影劇系邀請對象之一，這是我的榮幸，通常我會送上我的小品拙作，並帶瓶酒助興。

　　今天召集人是宗鑑，邀請建鷗、潤滋加上我三位是座上賓，建鷗有心，得知小卿、鄭振及我是 12 月份生日，特別從淡水帶來好吃的起司蛋糕，同唱生日快樂歌，慶賀大家有生之年天天快樂。

2021.12.07

90. 懷念二舅媽

　　日前接大姐電話，得知二舅媽已離苦得樂，往西方極樂世界，享壽九十四高齡，是喪喜事。

　　二舅媽育有兩男三女，因二舅是紈絝子弟，上有兩位姐姐及一位領養的大舅，兒時印象中，二舅很少在家，烟酒檳榔不離身，因外祖父家境好，讓他養成遊手好閒、坐享其成、不務正業的公子哥們習性，可苦了二舅媽，獨自撐起養育子女之責，兩位表弟書讀不怎麼好，及長卻事業有成，母親比二舅年長 8 歲，母親結婚二舅才 12 歲，當年父親常以大姐夫的身分為二舅不學好而斥責，二舅倒很聽父親的話，後來外祖父凡事就請來父親調解二舅的是是非非，倒也能事事平安，這是我兒時六十幾年前的印象。

　　二舅媽很疼愛我們姐弟，小學時常隨母親回娘家，二舅媽可以叫出我們姐弟的乳名，及長仍未改口，我們有親切的長輩相待是很幸福的。二舅於 67 歲辭世，二舅媽晚年身體健康不如昔，幸表弟妹們都很孝順，有子女就近看護。長壽是喜事不應有悲，是難捨的親情而傷感，以上略述是對二舅媽的懷念。

2021.12.10

91. 隊職情緣延續

　　緣起緣續的因緣：民國 64 年任隊職，帶 64 年班 21 期畢業，這是 46 年前往事，今天他們舉行同學會，一個月前邀請我參加，我珍惜這分緣，欣然答應。

　　隊職與學生因朝夕相處，在管教訓上時時耳提面命，留給他們印象深刻，這份緣起能繼續是十分珍貴。今午在國軍英雄館牡丹廳聚集餐敘，我說了老長官講的一句話：「長官與部屬相處是短暫，但建立的友誼是長久的」。今天受邀參加倍感欣慰與榮幸。與他們相差七期，金龍同學升了將軍，同學各行各業都有成就，如今也邁入七十耄耋之年，大家餐敘中離不開學生時代共同的回憶，歲月不老，人已老，但大家不覺老。

　　無酒不成席，大家興緻多喝兩杯，金龍與志成各帶來高梁、功炳準備一只大蛋糕，慶賀大家有生之年天天樂活，他們因疫情每半年聚會也延遲了一年，相約經常舉辦，珍惜這分永遠的同學情。餐後大夥轉移丹堤，希強夫人瑞君老師請大家喝咖啡敘舊，一世情同學情很珍惜。

2021.12.15

92. 七七感言

今年 12 月滿七十七歲，檢視自己身心健康狀況，寫下七言感言自勉！健康是要長期從運動飲食中自我要求，培養好心情最重要，將平日所感所思修心養性略述如下：

耳聰目明身心健　　齒牙保健好口牙
快步健走天天行　　群組活動樂參與
吃喝玩樂也同行　　唱歌跳舞身心健
喝茶咖啡不礙眠　　小酌幾杯能勝任
人際關係好心情　　無病無痛最幸福
勤於筆耕小品文　　早睡早起逾甲子
午睡小憩已成習　　飲食定量七分飽
清心寡欲無所求　　淡泊名利心自在
慈悲善念存我心　　隨緣隨性是本性
不爭不辯不執著　　與人為善和睦處
幽默風趣討人喜　　善解人意同理心
心有善願樂逍遙　　解脫自在無罣礙

知易行難，唯先知後行，自我勉勵，退休後的生活是沒有壓力的逍遙，暮年生活當如此。

2021.12.19

93. 照片的紀念性

　　手機之便，任何聚會總會照像，多年之後，忘了時地，因此，我總會在照完相之後，註明人事地為何而聚？有其紀念性。

　　時空產生價值的觀念不僅照片，許多人事地物，因時間的增長而改變，人的老化最明顯，拿出一、二十年前的照片對比今天的您，容顏已老，不堪回首憶當年，正所謂「年年歲歲花相似、歲歲年年人不同」。

　　回首看老照片，幾年之後的變化是有人已逝最傷情，人過七十後身心健康每況愈下，人老之後最大的福利是健康，因此平時要珍惜自己、善待自己。

　　許多物品也因時空的改變而成住壞空或生住異滅，最明顯的是手機電腦，日新月異的電子科技，不得不汰舊換新。雖然說舊的不去新的不來，但許多舊的東西畢竟有感情，捨不得丟棄，您有同感否？

2021.12.22

94. 同學一世情

　　前幾日我們幹部會議，秘書長黎興感性一席話，他有心統計 107 年復興崗 14 期畢業 50 年，同學往生者高達 60 餘人，三年來又統計多達十幾人，累計目前已有 74 人離世，佔全期同學人數近四分之一，不勝唏噓感慨，要更珍惜同學一世情。

　　憶復興崗四年朝夕相處的日子，從一年級在校暑訓，二年級前往中壢通信兵學校，分別接受通信教育暨駕訓、三年級赴屏東大武營傘訓，四年級的小坪頂政戰分科教育，我們四年中從入伍訓練，到生活學習、教育訓練、野外戰鬥教練朝夕相處，同甘苦共患難的日子，建立同學之間深厚革命情感，另類同學情豈是文學校可比擬。

　　我們同學情深，畢業後分發陸海空、憲兵、警備、聯勤及特戰部隊服務，但仍從事政戰工作，進一步的工作交流，在服役期間又有機會數度深造進修因緣，如今大家退伍逾二十年，每年同學會聚集，有太多共同回憶的話題，從年輕到老，清晰的臉龐在每一位同學心中留下深刻印象，同學一世情大家都很珍惜。

2021.12.24

95. 聚會小酌一樂

　　濕冷天氣偷懶健走，寫篇小品分享！

　　地緣之利，我們幾位好友常是文史哲出版社彭公館的座上客，相約到羅斯福路半個多小時可及。疫情前我們每週至彭公館處學吉他，因疫情而停止學習有半年多，體會到一鼓作氣、再而衰、三而竭的雅興不再，彭社長與我在吉他和弦上，遇上學習上的挫折，打退堂鼓中止學習，年紀大手指反應遲鈍，學習吉他不易。

　　不學吉他，好友仍相約聚敘，彭大哥好酒好茶招待，我們樂於小酌，飯後又喝咖啡。年過七十有幾位談心的朋友難得。福成、元俊我們三位目前仍擔任台大聯合服務中心志工，志工講習、會餐常與老朋友相見歡，暮年之友能談得來，幾希！

2021.12.26

96. 靈　感

　　藝術家書畫創作，歌曲家作曲作詞，作家寫作都要有靈感，古人喝酒吟詩，今人抽烟喝酒，找尋靈感。

　　翻讀昔日小品文，同樣命題、同樣題目，要我重寫細訴，不同時空不同意境，創作必然不同，可見靈感是當時心情寫實。每於健走思考所見，提供寫作的題材，是深入其境、是真實的。好比在公園涼亭，看到三、五成群外勞群聚，旁邊是一群眼神無助、面無表情的人，他們大半是坐輪椅失智或行動不便的老人，看這些人的無奈，他們何嘗願意如此，時時提醒老了要健康。

　　人生是無常，誰敢保證歲歲年年是正常，眼前呈現是多少人的老病死，當聞某人已辭世的難捨，却都要面對不捨。金剛經：「凡一切有為法，如夢幻泡影，如露亦如電，應作如是觀」，心中要接受宇宙萬事萬物均如此，內心要看破、要放下、要解脫、才自在，諸法無常，要去除我執，才能做到無我。

2021.12.28

97. 六四群組

　　我們是正能量很陽光的群組，成立已兩年多，平均每月聚餐，大家是志同道合的好友；群組成員有出版社社長、有知名詩人、有多產作家、以及台大退休同仁加上四位有氣質的女性友人，因三觀相同，理念一致，彼此能談家事國事天下事。

　　席間詩人台客將最近詩作兩首，感性朗讀，抑揚頓挫讓我們都動容。中西酒桌文化，有酒方成宴，高粱及紅酒助興，杯酒交歡，幾位公認酒量佳者多喝兩杯，我強調喝酒不宜過量，但能喝表示身體健康可喜也，值得一提是台客滴酒不沾，因體質不適有過敏反應，另一位虔誠佛教徒，皈依五戒，兩位不喝酒，以茶代酒大家可以接受。

　　群組聚會時，即排定下次壽星召集人，徵詢大家共識後列入紀錄，如此歲月有期待，下次明年見！

2021.12.30

98. 送別迎新

　　送別 2021 年，迎新 2022 年，新的一年，祝福大家和和睦睦；快快樂樂；開開心心；平平安安；吉祥如意！

　　日子天天過，歲月一年又一年，年過七十感覺時間易逝，只因心中珍惜時光。留下美的回憶，忘掉苦痛的事，才能樂活當下，明知心若年輕歲月不老，又有多少人知易行難。

　　人生苦短，且行且珍惜，無病無痛最幸福，生老病苦要面對，只求老得慢、病得輕、走得快，善終也。

　　今後仍秉持樂觀、開朗、豁達、慈悲、善良、看透、想開、放下、解脫、自在，自勉。

隨興寫於 2022、01、01

99. 參加 70 週年院慶

如果我告訴您，五十歲以前的人生，我有一半的時光在復興崗度過，你相信嗎？四年軍校生活，加上 21 年回母校任隊職與教職，對母校有一分特殊的情感，年輕的歲月都奉獻在復興崗。

我的母校如今已改名國防大學政戰學院，歷經兩次的易名；民國 59 年改政治作戰學校，民國 95 年整合在國防大學之下，更名為政治作戰學院，是配合國軍精實案大環境下的轉變。74 年我任職學生指揮部訓導主任，大學部學生與專科部學生合計有一千五百多人，如今只有男女合併成立大隊約六百人，可見學生因應部隊需求而減少。

今天欣逢母校 70 周年院慶，大會由國防大學校長主持，會中恭讀國防部長及參謀總長的賀函文，隨後由校長張上將表揚傑出校友及績優學生，歷屆校長以視頻表達祝賀，並邀請回母校參觀，會後校友回各學系參訪座談特別溫馨。

今天我們 14 期同學返校者多達 22 人，同學相見歡樂合照，很難得見到許多當年師長及學弟妹，亦有三、四十年未見的老同學，但復興崗革命情濃依舊。　　　2022.01.06

　附記：喜見台大郭文夫教授受邀，他台大哲學系的學生在復興崗任職的因緣。

100. 失而復得記

　　生活中，失而復得的東西是令人特別喜悅，如眼鏡、帽子、雨傘等，雖是小物品，因使用後產生感情，尤為珍惜。

　　話說我出版健群小品，先後寄了兩次到某飯店，歲月行腳第四集遺失，後來輾轉兩個月後才找回，第五集歲月留痕2021年5月寄達，因疫情存放七個多月，又發生遺失半年多，日前才找回，說來讓人難以置信，重達幾十公斤的一箱書，有誰會拿走？

　　某社團在飯店聚餐，原答應每人送書一本，因緣之故，失之交臂，可見送書亦要有緣。我好友錦璋兄常勉：「離席莫忘回首」一語提醒上了年紀的我們，這麼簡單的一句話，仍常忘記。出門前要檢查有無帶身分證、手機、鑰匙、錢包，簡稱「伸手要錢」，我常忘記帶悠遊卡或手機，出門想起又折回，有時候自我安慰，也許可能錯過血光之災，其實健忘是人人常犯的通病，尤其耆耄之年。

2022.01.13

101. 談朋友之得失

　　人的一生從年幼到年老，不同時空下，會有許多朋友，如師生、同學、長官、部屬、同事，這種上下之間關係的朋友，也許是短暫過度的，唯獨同學情是長久不變的。

　　及長多了一層社會關係，如同鄉會、社團的獅子會、國際扶輪社、銀髮族加上許多公益團體或社會團體，形成交際往來的群體朋友，親疏有別，交情有深淺。

　　拜資訊網路之便，透過臉書、電子信箱、微信等每天有問候，拉近人與人之間的距離，群組是有同質性的朋友，如能常常聚會，彼此感情濃，選擇容易相處的朋友成為大家的共識，朋友親疏有別是必然的，常互動常見面培養感情，反之則疏離。

　　因緣是奇妙的，有緣常聚無緣情疏，珍惜談得來的好友，重情重義最重要，不要太在意失去朋友，緣起緣續緣滅是無常定律，生命中有許多朋友，不必害怕失去，要珍惜擁有。

2022.01.16 晨起有感

102. 疫苗護照

　　施打疫苗成為人人必須遵守的健康管理，為了自己，也為了別人的健康，疫苗接種記錄卡，是旅遊必備的健康通行證件。

　　透過網路預約，我已先後於 2021.07.03 及 2021.09.22 及 2022.01.17 完成 Moderna 三劑施打，得知網路預約不易，許多人排不上號。不會上網的老年人只能依賴子女，不使用智慧型手機到超商，不能上網掃描圖像，趕不上時代的腳步，確實帶來生活的不便。

　　本土疫情因 Omicron 正延燒，許多地方要出示小黃卡證明施打才能進出，因此疫苗護照必須隨身攜帶，可見把關嚴謹。

2022.01.18

103. 變色的公園

　　天母忠誠公園佔地 1.4 公頃，終年綠樹遮天，唯獨進入秋冬季節，一些樹木染色，如落羽松、青楓、紅楓、欖仁等，褪了綠色，換裝成紅色、黃色新衣，仿如五彩公園。

　　忠誠公園有 16 株南洋杉木，高達四層樓，已種植 30 年，十年樹木百年樹人，形容種樹易培育人才難，榕樹、樟樹及南洋杉讓公園終年綠意盎然，秋冬點綴變色的落羽松、青楓、紅楓、櫟樹等。

　　冬天的太陽是溫暖的，在噴水池四週享受陽光浴，在公園內健走享受芬多精，我每天徜徉其中，欣賞花開之美，如山茶花、紫薇、木槿花、風鈴木等，太多的花木，有限的記憶，幸以形色掃描立知答案。

2020.01.22

104. 老夫少妻

　　老妻少夫是舊社會的產物，童養媳為中國傳統的婚姻習俗之一，通常是把未成年的女孩送養或賣到另一個家庭，由該家庭撫養，長大後與該家庭的兒子正式完婚、結為夫妻. 江南地區稱為養媳婦，閩南語把「與童養媳結婚」一事，稱為送做堆，早期大陸流行童養媳，是典型的老妻少夫配。（維基百科）

　　民國 38 年以後，大陸來台年紀大者，在台灣娶媳，老夫少妻很普遍，時代大環境如是。當年老夫少妻，老公照顧少妻，晚年少妻變老伴，照顧年邁的另一半，順理成章。日前理髮我看了一位年紀 96 歲的長者，心身健康，猜是有年輕老伴照顧下的福報，一問果不其然，他老伴小他整整十歲，生活起居作息有人照顧，可見老伴陪您一起走向晚年很重要。

　　生活所見，老夫少妻是六十歲前丈夫照顧太太，七十歲以後太太照顧年邁的另一半，先生前半生的辛苦，換取後半生的幸福，人生婚姻得失是相對互補，老天早已安排，您認為呢？

2022.01.26

105. 境隨心轉

　　佛說：「境隨心轉則悅，心隨境轉則煩」，誰能看開，誰就超脫！

　　一個人過的快樂與否，其實取決於他自己，一個人的境況會隨著自己內心改變而改變，周身的環境只不過是內心的反映。要想人生順遂，就要學會反觀內心。

　　禪師勉人：境隨心轉，這是修道者的境界，凡人都是心隨境轉。連續十幾天陰冷天氣，心情也陰霾，這兩天陽光露臉氣溫回升，心情大好，這豈不心隨境轉。看到全球氣溫有極冷的零下四十，有酷熱的高溫四十幾度，受到全球溫室效應氣候變遷影響，心隨境轉是常態。

　　慶幸生活在四季如春的台灣，不必忍受極寒及高溫的天氣，是有福之人，時時感恩，心情好。

2022.01.28

106. 除夕祭祖

　　二十多年來，回興隆路祭祖成為慣例，因老家供奉佛堂暨祖先牌位。我是長子，每年除夕要負責祖先牌位清爐及祭祖工作。

　　現今社會少子化，家中生女不生男的情況下，將來誰來祭祖？子女不婚未傳宗接代，又怎能祭祖？許多現實問題面臨傳統慎終追遠的挑戰，以前三代同堂的大家庭不存在，我們的下一代是否能傳承祭祖習俗？我們上一代保留的傳統美德是否能延續？因小家庭制度下，加上少子化，確實不易，而傳統祭祖是男孩子的責任。

　　感覺一年又一年，時光易逝，今天除夕的祭祖，由二妹及小弟準備葷素佳餚，我們這一代仍保留傳統除夕拜祖先的傳統，下一代就不容易了！

2020.01.31

107. 耳聰目明

隨著歲月增長，年輕時耳聰目明，邁入五十歲以後，耳聰目明逐漸衰退，老化現象是正常。

耳聽力、眼視力是檢驗人老化的標準，有人重聽，有人視茫，面對生活造成不便，感覺的無奈是人人必須面對，但有些人耄耋之年，仍耳聰目明，健康及遺傳體質不同，不能以年齡論老少。

如果您問失聰者，您願換取耳聰嗎？再問視障者，您願換視覺重現嗎？，相信他們都願意，因為得不到最珍貴。但若你要問健全視覺及聽者只能選擇其一，那必是最難的抉擇，因您從擁有要面臨失去，那是痛苦。擁有未必珍惜，只有失去才覺得擁有的可貴，是人性弱點。

面對 5G 的資訊時代，每天花在網路視覺時間，每人平均四～六小時，人生除了睡覺，眼耳是難得休息，不妨聽音樂靜下來，讓眼睛休息，您認同嗎？

2022.02.04

108. 白頭偕老

　　「白頭偕老」是夫妻共同生活到老，結婚時親友的祝福，一年又一年邁向四十、五十年，過去傳統婚姻較容易，現代社會婚姻尤其不易。

　　年初六龍岡一位影劇系映崑同學打電話拜年，至今他仍不使用賴，傳統電話拜年是他多年習慣，早期每年寄送賀年卡，是有情有義加上有心的同學。

　　閒聊之餘，他告訴我，民國 67 年在龍岡花 38 萬元，買了約 21 坪的住宅，是三層透天厝，經過 40 年後的今天，已漲值千萬元，房子投資永遠是增值最大，如今同社區房子 24 戶，已有八位寡婦，有先生離世一、二十年以上者，感嘆白頭偕老之難。

　　白頭偕老是有條件的，夫婦兩人很健康，經濟生活無慮，到了暮年感情好，一方有病，願意相互扶持，看看您週遭親友有多少？幸福的人是暮年有老伴相陪，老年有子女相伴，退而求其次是，能享受孤獨，適應獨居自我照顧生活。

2022.02.07

109. 芝山環山步道

　　記得民國 87 年遷居忠誠路精忠新城，距芝山公園近在咫尺，市政府花了近億元整建芝山岩環山步道，轉眼 23 年，步道已部分陳腐老舊，如今市政府花數月整修後已煥然一新。

　　新修環山步道，枕木材質已有止滑防跌功能，提供遊客木質護欄，有安全感，研究創新美觀大方，讓遊客可以輕鬆徒步登上惠濟宮，並有保護防止破壞芝山岩之原始林木之功能，假日吸引遠到而來的遊客，是台北近郊的後花園，住在台北市不來此一遊是遺憾。

　　金剛經：一切有為法，如夢幻泡影，如露亦如電，應作如是觀。可證有為法的世界，萬物萬事都面臨成住壞空；生住異滅的宿命。

2022.02.11

110. 喜聽日語老歌

　　我莫名的喜歡日本歌，探究其因，父母受日本教育，當年都讀完高等科，父母生活中可以用日語交談，從小耳濡目染聽日本老歌，如今潛意識有兒時的回憶。

　　記憶猶新，兒時父親有一台手搖式留聲機，黑膠唱片正反面各有一首歌曲，唱針可取下磨細，唱速隨發條鬆緊，在三、四十年代是居家最好的娛樂消遣。很遺憾我沒機會學日文，如今看不懂日文也無法練唱，喜歡日本老歌的弦律，欣賞別人唱日語也是一種享受，可見兒時留在心底的潛意識是無法抹滅的。記得四、五十年代，執政者仇日情結很深，規定不准看日本電影及明禁日語歌曲，也不知何時才解禁？後來卡拉OK盛行，有些老一輩懷念日語老歌，有些店家清一律唱日語，這現象如今已很普遍。在YouTube欣賞日本老歌，演唱者女性穿著和服，與會聽眾人人拍掌，融入歡樂同樂。

　　日本侵華，中國對日抗戰八年勝利，老一輩的中國人仇日情結很深，經過七十年之後，現代年輕一代忘了這段歷史共業，仇恨不能永久存在，一代一代傳承，仇日將慢慢淡化。

2020.02.12

111. 力不從心

　　記得我們 14 期同學畢業 50 年，蔡會長辦了南部奇美博物館參訪，室內參觀走馬看花要走上兩小時，從奇美博物館走回停車場半小時行程，見到許多同學步履蹣跚，蔡會長在遊覽車講了一句語重心長的話，同學都邁入七十好幾，以後要少辦理戶外活動，言猶在耳，蔡會長一年半前也辭世。

　　去年底復興崗師友聚餐，會長林恒雄將軍建議辦理阿里山兩天一夜遊，大家贊成。於是排定今年三月初阿里山櫻花盛開時前往，飯店提前三個月訂房，要先付訂金，開始徵求同仁意願，報名 16 員，不足人員由紅十字會水安隊同仁補上，經過近期確定人員時，又有變化，有人以身體健康為由不能參加，只好再找人遞補，名單更換數次，一波三折，說明年紀大有許多變數。

　　復興崗師友會人員，平均七十歲上下，我建議會長以後少辦戶外活動，每隔二、三個月大家聚餐見面聊聊天，昔日學長學弟情誼濃，不安排不易見面。

2022.02.14

112. 出版事業

　　彭社長正雄兄餐會前說：民國 51 年 2 月 17 日，投入出版工作至今整整一甲子，民國 61 年 8 月 1 日文史哲出版社成立至今半世紀，一生奉獻出版事業，每年 8 月 1 及 2 月 17 日在出版的日子是值得彭社長念舊。

　　今午他邀請六加四好友於天然台湘菜館聚餐，慶祝這可喜的日子，一生從事學術、文學、古籍出版圖書三千多種，走進文史哲出版社，眼前呈現書籍堆積如山，文史藏書應有盡有，一座書城來形容不為過，可見彭社長對書籍文化熱愛的執著，如今 84 歲仍每天埋首書籍出版的編排校對工作，精神可嘉。

　　經福成兄的介紹，有幸認識彭社長，個人的小品文先後於文史哲出版，我們成為好友，經常聚會無所不談，更感謝他們父女的指導，使我在出版路上順利前行，在值得紀念的日子行文感謝！

2022.02.17

113. 時空環境的改變

生活所見一二：

其一：老邁為子女做家務事

沙依仁教授 2018 年三月以 90 高齡辭世，他年輕時，曾擔任台大錢思亮校長的英文秘書，後來退休曾任台大退聯會5、6 任理事長。晚年行動不便，步履蹣跚，仍每週兩天至退聯會上班。為何提及她？當年她是每天為家人做晚餐，只因身體狀況尚能勝任家務事，如今有多少年紀大的父母，仍為子女任勞任怨做家務，如採買做羹湯，不可思議吧！時空環境使然。

其二：女兒婚後比兒子孝順

時代環境改變下，女兒對父母的孝順遠勝於兒子，往昔認為生兒子好的觀念，如今已大大被顛覆，普遍來說，女兒較貼心，婚後仍時時返娘家探望父母親，噓寒問暖，這是有目共睹的現實狀況。現代人重養生，實際年齡乘以八，七、八十歲看起來像六、七十，此說名副其實，畢竟生活富裕又養生，讓人顯現年輕，重男輕女老觀念，如今已改變。

時空在變，環境在變，舊思維亦要改變，天下事本沒有對錯，只是適當或不適當。以上例舉不知認同否？

2022.02.22

114. 手機故障

連假三天，手機故障卻不能維修，只好向網友在電腦傳此信息：因手機故障，這些天不能傳 Line，抱歉！

一般手機行不能檢修，要送往各品牌手機的維修站，幸好發現忠誠公園附近一家手機檢修公司 Mr.K，店面五坪大，含老板有三位員工，許多客戶上門維修手機及平板電腦，生意甚好。陳老板告知，手機故障通常是主機版損壞，再者是系統出了問題，前者維修費昂貴沒有必要修理，後者系統更新會遺失許多資訊，所幸我手機是系統問題，經驗老道的老板強制重新輸入系統，告訴有風險，舊信息全部遺失，幸我電腦有留存，重新設定原來臉書、信箱及微信，我均能熟記號碼及密碼，遂順利登入。

有感目前維修電腦及手機是很夯的行業，資訊時代人手一機，人人使用電腦，天天使用的 3c 產品有故障必維修，一隻手機平均使用兩至三年，或遺失或故障，我相信許多朋友都曾面臨此問題，要提醒大家，手機要存備分資料，以免重新建立及資料遺失之苦。

2022.02.28

115. 阿里山之旅（1）

今天復興崗師友會暨紅十字會水安隊阿里山之旅終於成行，我們三個月前就預訂阿里山閣大飯店，因此時是櫻花盛開期，旅遊熱門景點，全省各地前來賞花遊客甚多。

風和日麗陽光普照，今天是一個月來陰雨寒冷後最好天氣，大家有福氣在春暖花開的阿里山賞花賞景，在高速公路上我們相見歡，簡單自我介紹後，導遊林小姐建議卡拉 OK 歡唱，同遊好友許多唱將高手，一路聆聽美妙歌聲，是旅途中一大享受。

近午車抵民雄太郎老店，中華新同盟文化經貿交流協會盧會長文龍賢伉儷已等候大家光臨，招待我們品嚐民雄有名的鵝肉大餐，大家讚不絕口，餐後轉往交流協會參觀，副校長贈送紀念獎牌及近作「心念護持觀自我」一書五本。隨後我們參觀盧會長三合院老宅並留影，欣賞他收藏的古文物，琳瑯滿目，許多大陸上的寶物難得一見。

下午三點出發往阿里山，車程兩個半小時，今晚入住阿里山閣，晚餐盧會長帶來兩瓶金門高粱酒及自製樹葡萄果汁，大家盡情暢飲，杯酒交歡。結束第一天行程，享受阿里山寧靜夜晚，大家酒足飯飽及早回飯店休息。

2020.03.01

116. 阿里山之旅（2）

　　起個大早到戶外健走，室外溫度 9~11 度 c，獨自參觀沼平車站並拍盛開的櫻花，七點享用餐廳自助早餐，八點在飯店前集合由導遊帶大家前往附近的姐妹潭，看到場景才憶起多年前先後來過，可見人的記憶是會消退，姊妹潭湖水清澈見底，照相景物倒影很美，大家紛紛留影，來回一小時的健走環潭步道，享受森林芬多精浴。

　　九點搭乘飯店接駁車回旅客中心，改搭我們大型遊覽車回嘉義，沿途欣賞阿里山美景，滿山的櫻花、檜木、杉林及山嵐加上檳榔樹，形成一幅特殊美景，車程兩小時，來到櫻田牛埔教學農場，我們搭乘遊園彩虹小火車，有繞園解說導覽，看到網式栽種的水果蔬菜，是嘉義阿里山生產合作社，外銷全聯福利社的蔬果。在農場導覽陪同下，引領到說明會場，品嘗紅茶小點心，介紹阿里山紅茶包種茶及化粧品，大家紛紛採購，可見解說員能說善道的推銷魅力。中午在寶島餐宴會館，享受豐盛美食佳餚。下午在大家選擇下捨竹崎親水公園參觀，而改頭份三灣採橘，要感謝坤德兄的安排及文龍夫人貼心為我們準備剪刀，享受採橘之樂人人滿載而歸。

　　回北的晚餐是三個月前坤德兄答允招待的鱘龍魚大餐，兩瓶高粱酒，讓大夥酒足興緻，賓主盡歡，副校長致贈一份

禮物答謝，最後要感謝盧會長贈送每人一份伴手禮，感謝馮
春兄全程為大家拍照錄影製作影集，給我們留下美好的回憶，
感謝水安隊總幹事蘭香小姐熱忱服務，導遊俐華小姐及駕駛
的安全往返，使此次旅遊圓滿平安順利，更要感謝領隊副校
長的勞心勞力及全體好友的參與。

2022.03.02

117. 食物的附加價值

　　我喜歡豬蹄及雞腳，感謝有口好牙，享美食的基本條件吧！您買塊豬蹄及一支雞腳，比您在市場買食材要貴上好多倍，烹調的費時、費工及佐料是附加價值，食物的美味與烹調有關，多少人慕名的美食是積累獨特的偏方，如今五星級大飯店的主廚，是美食佳餚的附加價值，老客人多慕名而來。

　　台北市有名的烤鴨店要提前預約，因一席難求，如龍都酒樓、陶然亭等大家耳熟能詳，需提前訂位，鴨子經師傅加工烘烤，滿足老饕的胃，價高的附加價值客人也欣然接受。一般滷味食材並不貴，但經烹調美食出爐，附加價值立見，供需能滿足，賓主兩廂情願。

　　基本上人人好美食佳餚，怎麼吃怎麼消費，每人經濟條件不一樣，錢捨得花也要吃得健康，對中老年人很重要，病從口入是知易行難的養生哲理，多少三高，多少肥胖都與吃有關，還是要忌口，為了健康。

2022.03.07

118. 教學器材的革新

　　憶民國 54 年求學時，經濟學教授吳演南是以布條毛筆字書寫的大圖表，每次上課携帶此大圖表，在當年讓我們印象深刻，人人抄寫筆記，白布製作不易損毀，成為另類教學器材的特色。

　　事隔半世紀，教學工具已電子化，從投影機到電腦視訊，是教學器材大革新。三十年前我在復興崗研究班教學，每間教室有一台投影機，透過自備投影片放映教學，後來自備手提電腦以隨身碟儲存資料傳輸資訊，許多教授課前蒐集相關教學資料及影片，教學多元化深受學生喜愛。

　　近十幾年來，看到手提電腦以 powerpoint(ptt) 演講，資料雖很多，却引不起聽者興趣，因為講者與聽者沒有互動，之故我不喜歡單向的演講，因缺少感性，近半年來因疫情，許多公司以視訊上班，許多學校視訊教學，沒有師生互動，效果如何？不得而知。

2022.03.11

119. 政論爭議文章

　　我的小品文是以個人週遭生活為主，見聞感想居多，有關國家大事，尤其政論性文章爭論性大，從不涉及，國際大事只壁上觀。

　　從媒體報導得悉的訊息都太主觀，如國際新聞談俄烏之戰，我們媒體却偏說烏俄之戰，因政府偏向烏克蘭。

　　政論性文章隨時空環境及政治立場轉變，如昨非今是或今非昨是，常發現政客言行之轉向，讓人不恥非議，常言：「不在其位，不謀其政」。政論性節目之所以受人喜好，是批判謾罵，大快人心，不論是非公理及正義何在？

　　我同學有文筆很好者，但隻字不留，總覺得時空會改變認知的對錯及價值，將來有爭議，乾脆不觸及，我的小品文從未有過批判性的內容，是個人生活記實，可以分享好友，沒有是非對錯之爭議。

2022.03.18

120. 便當思情

人的一生與便當的因緣密切，親疏有別愛惡不同。

記得當年就讀麻豆曾文初中及曾文中學高中部，因學校離家咫尺，初中走路高中騎乘自行車上學，沒有機會帶便當，比起通勤學生幸運許多，但也特別懷念帶便當的日子，每逢學校月考或段考時。

高中畢業考上幹校，四年在校生活，也沒有機會吃便當，部隊四年中，逢打野外或演習才有機會吃上便當，調回母校服務，擔任隊職十幾年，與學生每日共餐，只有擔任科長因上下班，才有機會帶便當，後來在研究班任教職，有課的日子帶便當，以上所述在退休之前與吃便當因緣，如今回憶，仍特別懷念。

現代的上班族，仍然許多人帶便當，最主要是家人準備的食物環保衛生，加上有愛心，辦公室備有微波爐，比起往昔以電鍋或蒸籠方便許多，許多餐廳因應上班族需求推出商業午餐，價格也不便宜，非大家所需，人的心態是很矛盾，越不易得到的東西越懷念，愛的人是如此，喜愛東西亦如是，一生很少吃便當的我，特別懷念。

2022.03.22

121. 師友春節聯誼

　　我們是曾經服務復興崗的師友，在林副校長召集下，不定期舉行聚會與旅遊，找回昔日共同美好的回憶，這分情感因緣得之不易。

　　原訂 2 月 12 日的春節團拜，因疫情而順延至 3 月 26 日，不巧是許多人因祭祖掃墓加上八百壯士研討會未克參加，今天與會加上眷屬 22 位，在羅斯福路家園小館餐敘。

　　餐會中，請東明師友分享阿里山兩日遊心得，請勝義師友報告他研發的阿里山種植山葵開發案，席間相互敬酒，老朋友久久未見，互道別後，憶三十幾年前在母校服務往事歷歷如昨，如今大家都已耄耋之年，不勝唏噓歲月流逝。

　　林副校長贈送近作「心念護持觀照自我」每人一書及一份大紅包，他私下表示：這份情他希望還要持續八年，如今 87 高齡却老當益壯，要帶領大家六月份花東三日遊，在場師友均答允參與期待，最後要感謝慧明會長及彭社長兩位貴賓，提供美酒助興，大家杯酒交歡。

2022.03.26

122. 春的氣息

　　晨健走於芝山岩，見北隘門下的幾棵大葉榕，春來發新芽，葉芽掉滿地，白色葉芽像層地氈，是另類之美。

　　花開花謝，春去秋來；花非因病而謝，葉亦非因病而落，都是自然生死法則，年年景色依舊，植物開花落葉有序，從不怠懈。

　　人有死生；花有謝開，生物定律，前者有情傷感；後者自然無感，生離死別是有情，花離枝葉是常情。有情勝無情，有感勝無感，七情六欲，喜怒哀樂是人之常情。

　　人的聚散因緣際會，緣起緣滅，莫為得失感傷，就如花開花謝的自然。晨起有感！

2022.03.28

123. 更換手機

　　十多年來更換許多手機，有遺失者、大多是故障損壞，智慧型手機不斷革新，尤其照像畫素提升，是手機汰舊換新的誘因。

　　月前手機故障，經維修重新輸入程式恢復。今上午前往更換新手機，儲存手機舊資料花費一個多小時，幸資料全部順利轉移。手機好友連絡人近 800 人，加上群組有 88 個，每天至少千人有資訊往來，不能一日無音訊，選擇性的分享轉傳，必先過目，而且慎選對象。

　　如今雖言手機是大家公認的鴉片煙，但仍有一些友人拒絕使用，理由是 3c 產品傷眼又傷神。不可諱言，每天從友人傳來資訊增長見聞，有天文、地理、人文知識、醫學、養生保健、包羅萬象，有如一部百科全書。

　　臉書友人旅遊分享，微信傳訊通行無阻，太多的資訊要慎選，傳不對的人時地物，往往會遭來誤解，得罪好友得不償失，因智慧型手機取代電腦，如今電子信件使用率減少，幾乎忘了如何使用。

2022.03.31

124. 有情有義

　　師友會大家長林副校長有情有義，師友們子女喜宴參加，師友身心違和必登門探視慰問，身為秘書長的我陪同。

　　復興崗師友會成員是三十多年前的老同事，因林副校的召集成立，目前有 35 位，成立復興崗師友群組，不定期辦理聚餐、旅遊，要感謝高齡 87 歲的召集人有心，讓後期老弟的我們可以常相見。

　　歲月不待，大家都已邁入耄耋之年，十多天前得知廉德師友身體違和，今天與副校長前往新竹探視，身為醫生的他，因有貴人相助，得到很好的醫療照顧，日前順利出院康復，中午熱誠安排在附近荷竹園餐廳餐敘。

　　我們師友會期別從五期副校長到 9、10、11、13、14、15、16、17、18、19、21，23、27、34 不等，年齡相差一、二十歲，因有學長學弟因緣，彼此感情深厚。今天由水安會慧明會長開車，半天來回新竹，拜賜手機衛星導航之便，得以節省許多尋路時間。　　　　　　　　　　　　2022.04.01

　　附記：副校長特別邀請五位貴賓參加師友會，「藉以相互切磋，增廣彼此見聞，珍惜得來不易之友誼。」貴賓如下：水安隊紅十字會劉會長、文史哲出版社彭社長、原台北華國飯店人資部林主任、兩位原台大主任教官福成、元俊（俊歌）。

125. 人際關係的斷捨離

斷捨離「斷絕不需要的東西；捨去多餘的事物；脫離對物品的執著」通常指對事物而言，亦適用人際關係交友選擇的取捨。

人際關係的好壞直接影響心情；間接影響身心健康，當我們離開職場退休之後，邁入暮年，不需要看上司或工作伙伴的臉色，人時地物不受時空環境影響，可以自由自在選擇容易相處的朋友。

有些朋友主觀意識很強、個性固執，不易相處，又有一些人負面情緒很多，如喜歡批評、指責、計較、發牢騷都會影響到您的情緒，我們可選擇正能量的人做朋友，他是積極、樂觀、開朗、豁達，有正向陽光的人。

古人說：「無欲則剛」，當您不求別人時，您可以主動選擇三觀相同的人做朋友，除親情不能割捨，友情愛情可取捨。人際關係的和諧在商場及黑道人物講「人情世故」，是為人處世的一門人性厚黑學。

2022.04.06

126. 年華已逝

　　時光靜悄悄流逝，人漸漸老去，感嘆，年華已逝！

　　春去夏至；秋盡冬來，一年又一年，歲月無情覺有情，傷感遲暮在眼前。

　　人生不滿百，有人年少而亡；有人不滿半百而故，許多人活到七老八十，有些人能活上百歲人瑞，生命長短，人人各不同，究竟壽長有福？或短命不受老病之苦有福？很難定論；有人說「人生是苦海」生死解脫自在，有人說人生是還債，債還就百了。

　　歲月有情是公平，歲月無情是正常，人生總難跳脫有情無情，有一天必消逝於紅塵中，是遲是早端看您的福報。昨天我們年輕，那是年齡；今天我們年輕，那是心態；明天我們年輕那是快樂；一輩子我們年輕那是健康。長壽或短命，很難認定是福是禍，您以為呢？

2020.04.11

127. 欣欣向榮

　　三月底見芝山岩北隘門兩棵大葉榕，新芽飄落滿地，才半個月光景，大葉榕已枝葉茂盛，欣欣向榮，令人見喜！

　　大自然植物，生生不息，陽明醫院急診室旁的小葉榕，終年綠意盎然，樹高有三層樓，得天時地利，矗立於醫院路旁，免颱風肆虐而得安養天年。雨農國小靠忠義街沿陽明醫院到雨聲街，三面都種植小葉榕，枝幹在氣根支撐下更牢固，不畏風雨侵襲。

　　假日校園開放，赤足行走操場 PU 跑道，是最佳足底按摩，遠望天空湛藍，萬里無雲，近看芝山岩在眼前，享受充足陽光，綠意視野美景，心曠神怡。

2022.04.12

128. 老友相見歡

　　今天陪副校長探望住在台北小城的師友會慰民老友，得知他兩年前因心臟開刀，如今身體狀況良好，值得欣喜！

　　副校長對師友會同仁關懷有如大家長，得知有身體違和者，必登門慰問，老長官愛護老部屬情誼令人感動。

　　老朋友相見不易，副校長指示我舉辦不定期聚餐，同時也辦理旅遊，讓大家退休後仍常走動，這分心意是出於他對大家的關愛。師友會成立近兩年來辦理活動多達 7 次，平均每年有四次，每次造冊簽到有紀錄可查。我與副校長感嘆，昔日打球至今與慰民老友多達二十幾年未見，憶三十多年前在母校服務往事，歷歷在目彷彿如昨，也許老年人的通病總是愛回憶吧！

　　中午慰民賢伉儷在家宴客，美味佳餚留影分享！嫂夫人學做的糕點美味可口，我們享舌尖幸福！要感謝慰民兄於新店區公所開車接送台北小城。

2022.04.13

129. 往事回味

　　部落格存了一張 53.04.08 的老照片，當年照相很難得。記得侯文如導師住的宿舍庭院，我們每天早上要負責打掃，忘了誰幫我們照了這張像，58 年後看看高三年少的自己很珍貴。

　　另一張照片 74.10.24 與學生指揮部連長以上隊職幹部的合影，指揮官杜學斌上校，我是上校訓導主任，距今 37 年前，往事歷歷在目。指揮官杜學斌後來升了少將。

　　第三張是我與指揮官黃偉嵩上校與第 50 屆實習旅級幹部合影於 74 年。黃指揮官後來升了中將，於 110 年辭世。

　　照片是老了以後甜美的回憶，有人說：「回憶，也是一種尋找心靈的慰藉！」它可以留下年輕的容顏，看照片傷感的是，有人已不在人世間。

2022.04.17

130. 疫情升溫

　　連日來國內新冠病毒確診破千例，本土疫情升溫，許多活動停止，小型群聚也取消，餐飲業旅遊業及飯店取消訂房，經濟影響甚大。

　　據英國牛津大學資料庫數據顯示，新冠疫情 2 年多來，全球確診超過 5 億，死亡人數高達 619 萬人，幸資料顯示死亡人數有逐日降低。

　　俄烏戰爭導致通膨壓力升溫，各項原物料漲價，直接影響百姓生活，新冠疫情進入第三年，台灣三月通膨率為九年新高，俄烏戰爭影響下，如石油、麵粉漲價，帶動民生物質物價上升，重挫民間消費。

　　因疫情升溫，群聚活動減少，人與人缺乏互動，人際關係疏離，此社會現象，不可忽視。

2022.04.20

131. 靈魂之窗

　　我們稱眼睛為靈魂之窗，眼所見景物皆美。常看遠山白雲，近看綠色美景，是最好的養眼護眼。人除了睡眠，眼睛都不曾合眼，如何讓眼睛休息，閉目養神可養精蓄銳。

　　3C 產品的藍光，如電視、電腦、手機久視必傷眼睛，人人皆知，近視老花是年齡上不可逆的過程，但有人眼睛提前老化，太陽光紫外線有形無形的傷害，如白內障、青光眼，眼睛保健對人重要不言可喻。常聞白內障雷射之先進，更換水晶體改善視力，健保可免費，自費從七萬至十幾萬不等，花錢買到健康，許多人樂意。

　　我為讓眼睛多休息，閉目聆聽音樂，享受短暫安靜，獨處沉思心情好，靈魂之窗保健，提供友人參考。

2022.04.27

132. 河濱之美

　　許久未到雙溪河濱公園健走，今晨涼風徐徐，五月份的天氣 19～22 度，端午前是正常。

　　河堤溪邊許多蘆葦，一叢叢俗稱「狗尾草」，有別於山上的芒草，因生長於有水的溪流邊。一棵麻拉巴栗樹，開白色粉撲花很美，一株扁柏矗立徒步路旁，遠看近看都美。

　　獨行於河堤步道，大小葉榕得天時、地利，枝葉茂盛，河堤兩旁，景色不同，晨起黃昏許多人健行，尤其例假日遊客更多，今晨所見有感為文分享！

2022.05.01

133. 豐美的生命

生命是個圓，更是無數的「緣」交錯其中，在生命的循環裡，我們常因為擁有一顆助人的心，而讓自己的生命更加豐美。

人與人的親密是一種恩賜，它讓你發現你和旁人相似的地方，培養更多的信任和真誠的關係，幫助你建立信心，讓你健全成長～天地曆書(註)～翻閱 95 年 9 月 13 日的一則筆記有如上記述。

一顆慈悲善良的心是人的本性，却被現實生活面污染，我們看到人性的邪惡、貪婪、愚痴，有生之年，要不斷地自我修持。

註：天地曆書《智慧曆書》是托爾斯泰的最後重要著作。

2022.05.06

134. 生活多元化

　　共產黨的鼻祖「卡爾、馬克思」最喜歡的一個故事：一個學者坐漁夫的船打算到對岸去，船上學者問漁夫你懂文學嗎？漁夫回答說不懂，學者說很遺憾你失去了一半的生命，過一會兒學者又問漁夫你懂數學嗎？漁夫回答不懂，學者非常心痛地說，你失去了另一半的生命；這時候一陣狂風襲來，兩個人都掉到了水裡挣扎，漁夫這個時候問學者說你會游泳嗎?學者回答說不會，漁夫說那完了，你失去了整個生命。

　　上述問題，如反問此刻的你願做學者或漁夫，活在當下的我如是回答：在船上我做學者，在水裡我做漁夫。在生命的領域中，各行各業分工合作，士農工商，各司其職，有文學、哲學、科學、藝術，非人人必懂，天下學問博大精深，但有些學者專家就不齒，自以為是，就如上述學者自認不懂文學數學的漁夫失去生命的全部，可笑的是在船翻覆後不諳水性的學者，可能失去生命。

　　生活中因價值觀有別，學者與漁夫的對談雖是笑語一則，但觀今日多元化社會，知識領域太廣，每人生活需求有別，不必強求你所懂別人也要懂的狹隘思想，你我是否也犯上此通病。

2022.05.08 於母親節

135. 心存感恩

　　佩服網路上的一些朋友，每天分享好的文圖，而且多達數十則，雖許多重覆，但要感恩他們的溫情，許多人讀後有感想回應，但亦有人讀而不回，人上百形形色色，不能強求。

　　每天收到資訊很多，你可以選擇所愛並分享，即便有不喜歡，不看不傳之餘不可埋怨，分享是有溫度的情誼。昔日電子信箱日久不用，累積郵件成百上千，如今資訊快速傳遞，每日吸收新知，終身學習無遠弗屆，現代人之福。

　　網友有 Line、微信、臉書三大群組，每天分享許多好文圖，心存感激，尤其近三年來全球疫情感染下，多少關愛祝福文字洋溢，特別溫馨，在此文中致誠摯感謝！

2022.05.12

136. 悠然見大樹

結廬在人境，而無車馬喧。
問君何能爾？心遠地自偏。
採菊東籬下，悠然見南山。
山氣日夕佳，飛鳥相與還。
此中有真意，欲辨已忘言

陶淵明《飲酒·其五》

　　如今大樹在城市可見，各大公園；如青年公園、大安森林公園、家附近芝山公園、忠誠公園。

　　健走於忠誠公園，但見樹林中有黑板樹、樟樹、落羽松、大小葉榕、青楓都高達六層樓，在城市可以看到大樹，是公園綠化的美景，十年樹木百年樹人是古訓，我們得以見證。

　　盡在眼前，都市社區公園綠意盎然。靜坐公園一隅，欣賞大樹矗立，如今「樹林不到深山求，在城市到處可見。」有感而言。

2022.05.14

137. 對錯是相對

　　行為本身無對錯，只是時地恰當否？是非、善惡、得失、利弊亦是如此。明白上則所言，生活中的是是非非就不必執著。

　　許多人一生中為爭名利、財富、權位，到頭一場空，因世事本無常！

　　其實老天很公平，檢視一生中的得失，相對的因果立現，眼前的得，也許過些年之後是失，眼前的失，過些年之後是得，因為得失本相對。

　　何苦計較眼前的得失，應視為老天恩賜的福禍，而坦然接納，釋懷面對。晨起有感是否認同！

2022.05.19

138. 憶蘭嶼之旅

五月蘭嶼飛魚季，拍的很美！

民國 93 年重信兄從台東軍人之友站長退休,召集同學蘭嶼、綠島一遊（註一），距今已是 18 年前往事。

一行 16 人含眷屬（註二），在台東搭乘復興航空小飛機到蘭嶼，抵達後即租乘摩托車環島一遊，晚上住民宿，老同學重逢有聊不完的回憶。

隔天起個大早，幾位同學信步來到小漁港，正巧有魚販賣剛捕捉上來的飛魚及小龍蝦，我們決定買來當午餐。經洽商一家餐館，答應為我們烹煮飛魚麵線及小龍蝦，大夥品嚐鮮美飛魚，肉質彈牙，不虛此行～蘭嶼一遊。

看了飛魚海上飛躍影片，憶蘭嶼一段往事，問起同遊同學，竟然泰半忘情，也難怪大夥都坐七望八之年，記得回台東，華淼夫婦招待大家吃豐盛日本料理，偉國夫婦亦趕來赴會。

註 1.蘭嶼兩天一夜搭機、綠島當天搭船來回。

註 2.夫婦同學代春、繼曾、榮光、銘雄，個人有恆宇夫人、重信、本人餘都記不得。

139. 談眼耳小疾

　　最近有感眼睛久視電腦螢幕，淚流不適，今就近陽明醫院看診，發現中老年人眼診人數大排長龍，可知現代眼疾者眾。

　　看診前先以儀器檢查眼壓、視力、度數，提供大夫診治參考，我告知久視淚流現象，大夫說視力退化需帶上老花鏡。開了兩瓶眼藥水，分別是淚然點眼液，可暫時緩解因眼乾澀所引起灼熱感與刺激感，另一疏酸甲酯新斯狄明點眼液，可使眼球肌肉症狀改善，健保金額 650.9 元；耳疾聽力感覺左右有別，經大夫清理耳垢後恢復正常。做測試左右耳聽力，計收診察費、治療處置費及藥事服務費等 1050.7 元以上紀錄最近門診眼耳小疾。

　　陽明醫院近在咫尺，門診方便，機件老化要保養，人的生理邁入暮年，老病正常。

2022.05.24

140. 幸福與快樂

　　快樂 Joy：是客觀、是短暫、是外求、是有得的、是被給予的，偏重於外在的有形物質，如眼睛視覺、耳朵聽覺、口中味蕾是身心觸覺的享樂，吃喝玩樂當下的快樂，曲終人散快樂隨之消逝，往往要花費金錢換取，如友人請吃飯享美食是期待的快樂。

　　幸福 Happiness：是偏向於精神層次、是主觀的認知、是求自內心所感覺、是情與理融和的心靈狀態、是比較長久、是無得於外在有形物質，如父慈子孝、兄友弟恭、家庭美滿，好的人品、好的人際關係，非金錢所能換取的，它是追求於自我內心的滿足感。

　　總結來說快樂與幸福從英文字義來說是有別，中文來說快樂不等於幸福，但幸福的人必然是快樂的。

2022.05.27

141. 舊地重遊

　　疫情升溫以來，大家鮮少聚會相見，今台客盛情邀我與俊歌三人同行到拉拉山造訪神木，我欣然答應，由台客開車。猶記二年多前台大志工朋友安排拉拉山兩天一夜遊，讓人懷念。

　　上午三人行，舊地重遊，由俊歌導覽，先到角板山公園一遊，參觀蔣公角板山行館及走訪戰備隧道，在公園遠望大漢溪水及吊橋，景色怡人。沿途經蔣公大溪陵寢，當年曾每年帶學生前來謁陵，已是卅多年前往事。趕到中巴陵在俊歌同學林老板經營的谷點咖啡民宿午膳，又參觀他經營的農場，飼養有山羊、梅花鹿、雞禽，佔地數甲的民宿並種植水蜜桃奇異果等，事業讓他不能卸下責任停下腳步。

　　午餐後已 14：30 台客堅持上拉拉山，看神木不忘留影，遇上雷陣雨淋濕而返，回途中看到山嵐飄遊於山水間，煞是美觀，如果沒這場雨看不到此景。回大溪的路有六十多公里，沿途賞景花了將近三小時，在大溪阿麗小館晚餐，台客送我到鶯歌火車站的路途中迷了路，花了一小時回到台北。

2022.05.31

142. 豁達的人生

　　埋怨、批評、牢騷、責備、憤怒、不滿、厭惡，哀傷，恐懼，都是消極負面情緒。反之；讚美、感恩、鼓勵、滿意、平和、歡樂、滿足、希望、自信、愛人是積極正面情緒之語。

　　好心情來自樂觀、積極的正能量，做好事，說好話，存好心。多讚美、多說好話、多鼓勵，善良慈悲有愛心。人生同路一起走，都是親人和朋友，無論多少春和秋，真誠相處到永久。珍惜今天，擁抱明天。

　　我秉持豁達樂觀慈悲善念加上愛心與人相處，時時面帶微笑，得到正能量回報，對別人的埋怨批評隨風消逝，心中坦蕩蕩心安理得。

2022.06.05

143. 防疫人人有責

　　每月全統聯誼聚會受到疫情確診與日俱增下，為同仁的健康暫停。近三年來的疫情肆虐，影響層面，從生活的不便到各行各業經濟蕭條式微，打亂人們思維，群聚活動減少下，人與人的情感疏離，每天看到中央流行疫情統計，心有戚戚焉。

　　此刻人人心情是沉重，每天請安祈福「平安是幸，健康是福。」今年第三波梅雨，連日來氣溫涼爽舒適，六月本是炎夏，窗外悅耳雨聲，夜裡好眠，疫情與日俱增確診下，人心惶惶，梅雨確實帶來舒壓療癒效果。

　　德國哲學家康德說：世界上有三種東西最美麗

　　1.天上的星星 2.地上的花朵 3.心中的良知。你以為呢？

2022.06.09

144. 無　常

　　金剛經：「一切有為法，如夢幻泡影，如露亦如電，應
作如是觀」。

　　三年疫情下來；人心變了。

　　親情；友情；愛情；

　　疏離了；淡化了；異化了；

　　天下事物變易是常態，順應自然是智者。

　　古云：見面三分情，思之有理。

2022.06.13

145. 幸福的牽掛

　　家有年邁父母，別人眼中是幸福的，殊不知照顧父母老病的無奈及痛苦，失智後的親情變質。

　　古人說久病床前無孝子，多少人能體會，眼前許多養老院養生村，解決老病長照問題，老年人口多的國家，花費更多的預算解決老化衍生的社會問題。

　　相對的幸福必然要付出更多心力在照顧父母身上，面臨人人都會衰老，未雨綢繆，要存上一筆養老金。如聘請外勞居家照顧，平均每月要花費三萬元，可見老年健康可貴，眼下多少家庭為照顧老人付出勞心勞力，出錢又出力。

　　如今公認父母留給子女最大的福利是老健。

2022.06.18

146. 磁場之淺見

談人與人之間

無形有引力　彼此看順眼
觀念沒代溝　相處很愉悅
三觀能契合　惺惺可相惜
心常有靈犀　眉目能傳情
舉手可投足　默契心領會

2022.06.21

147. 兩本好書

張祖詒先生 102 歲著「不亦快哉集」，104 歲寫「總統與我」，這幾天我手不釋卷拜讀，佩服張先生不愧世界上最年長的寫作者。

張先生於 111 年 2 月 15 日出版經國先生逝世 34 週年紀念獻禮，馬英九推薦序：「見證國家脫胎換骨」，錢復：「極寶貴的歷史實錄」，張先生自序民國六十一年至七十七為經國先生掌理文翰，有幸能有奇緣長期追隨歷史中心人物左右，在經國先生辭世三十四年後著作政壇奇緣實錄，由遠見天下文化出版，以饗讀者，有幸拜讀分享感想，略述政績如下：

1. 62 年 11 月 22 日於行政院會中宣布十項重要建設，並於五年內如期完成。
2. 67 年 6 月 1 日作者追隨經國先生到總統府，展開他的才華，備受經國先生賞識。
3. 76 年 7 月 15 日宣布解嚴。
4. 76 年 11 月 2 日，時任中華民國總統蔣經國有感於台海兩岸之間的親人分離太久，決定讓凡在中國大陸有三親等內血親、姻親或配偶的民眾登記赴大陸探親。

　　作者陳述：經國先生治國十六年中，為中華民國在台灣創出一片前所罕見的燦爛天地，是他用智慧開發經濟用毅力澄清吏治、用決心革新風氣、用堅忍處理危機、用勤奮推動政事、用親和凝聚民心、用無私調和異同，這是他特有的風格，得到罕見的成果。他的警世名言：今日不做，明日會後悔，成了完成十大建設的動力，也是宣布解嚴的精神基礎，再如時代在變，潮流在變，環境在變則是認知必須改革的前提。

　　　　　　　　　　　　　　　　　2022.06.23

148. 大家年輕化

眼下所見，很難猜對實際年齡。原因不外有三：

1.生活條件好，人人不顯老。

2.大家重視養生保健。

3.醫療進步，延長壽命，許多慢性病能靠藥物控制。

以上所述是大家公認的事實，台灣健保醫療讓人人免費看病，何其有幸，你我同享。

有人說以實際生理年齡乘上 0.8 就是外表年齡，換言之，現代人比二、三十年前顯年輕，你可以自我檢視，外表年齡比生理年齡要年輕的事實。

因長壽而衍生的養老問題，也成為當前國家社會問題。現代化國家，面對人口老化，政府編列長照預算經費計劃，符合大眾福利政策，歐美先進國家早已實施。

2022.06.26

149. 歲月甚好

晨運返家，寬衣解帶，悠閒自在，上網看訊，自得其樂。
午愒醒來，泡壺老茶，咖啡一杯，不礙夜眠，享受芳香。
傍晚健走，身心舒暢，活動筋骨，養生保健，持之以恆。
身心自在，無病無痛，看透放下，迎來送往，快樂幸福。
緣聚緣散，順其自然，感恩遇見，滿心歡喜，珍惜暮年。
學會放下，能斷捨離，享受閒情，平安喜樂，歲月甚好。

2022.06.29

150. 獨居的風險

　　如果你已七、八十歲而獨居，無病無痛亦難免有意外風險。中國農村俗語：「70 不留宿，80 不留飯，90 不留坐」，再再說明年長者，隨時有發生意外風險。

　　因為人生無常是正常，多少人因獨居而意外身亡，有慢性病者更需有人伴陪，我認識一些友人，大半是獨居，他們有無獨居的危機意識或應變能力不得而知，但無子女陪伴的生活是多少有風險的。

　　舊金山市長李孟賢（Edwin M. Lee）因獨居已於 111 年 6 月 12 日凌晨 1 時 11 分心臟病，身旁無人及時搶救，失去寶貴生命，於舊金山總醫院過世，享年 65 歲。

　　老年獨居必需有防患危機處理方法如：子女緊急通知電話、社區管委會連絡通話、至親好友求援通話、左鄰右舍的專線通話，把握生命搶救黃金時間，可以化險為夷。

2022.07.02

151. 獨居的宿命

老年終有獨居的宿命，只因與老伴不知何人先離世？

也許獨居數年或數十年，端看自我調適能力，目前許多自費養生村及養老院提供獨居老人很好的照顧。

何志浩將軍享高壽 103 歲辭世，若不是子女送他到養老院，以他開朗個性尚可再多活幾年，暮年一向愛好參加活動的他，因失去老友而寡歡孤寂，他主持每月健康長壽早餐會長達三十幾年，我是參與的見證者。

晚年勤於書畫是靜心養心有助長壽，何將軍可證。

何志浩將軍（1905 年 1 月 20 日－2007 年 8 月 3 日）

2022.07.05

152. 歲月的惆悵

　　聽首老歌，憶年少美好時光，惆悵歲月逝去，青春年華不再。

　　年齡漸長，總不承認已老，羨慕年輕人的體力活力，才知心有餘而力不足。

　　自認體力尚好，能走能動，歸功於數十年來有恆健走，仍要承認手臂肌力退化，單槓引體向上，雙槓前後擺動，因數十年來未持續鍛練而退化，俗稱肌無力。

　　檢測體力最好方法，登山呼吸不喘，平路可快走不累，參加台大教職員登山會，年齡八、九十者不在少數，可見持續健走對身心健康的益處。近年來因疫情而減少參加每週健行活動，看到不少人仍每週參與，健走成為生活的重心。

2022.07.08

153. 憶每月歡唱

　　每月一次在鄭學長家歡聚歌唱，前後有七、八年，因疫情而於 2019 年 10 月暫停，轉眼近三年。

　　老友不能相見，只能懷念，所幸每天有 Line 問候請安，得悉大家平安，都是復興崗前後期學長學弟，有那分深厚的兄弟革命情。

　　數年前我建議要簽名留念，鄭學長建立一本留言冊，每次簽到寫幾句感言，實施六年多，大家留下許多金玉良言，如今成為美的回憶。

　　客廳有一套很好的卡拉 OK 音響設備，可容納十多人，好客的鄭學長有好幾批不同的群組，有初、高中同學、大學同學、因共同歌唱愛好而結合，以歌會友，友誼長存。

　　好久未見，今天大家純聊天，談陳年往事，談學生時代共同回憶，已六十多年前往事，昔日老師長官大多離世，不勝感嘆無情歲月，聚會中不忘留下團體照，晚上大夥在附近餐敘，喝酒助興，樂融融。

2022.07.11

154. 享受退休生活

　　姐姐告訴我，他小女兒七月正式退休，今年才 51 歲，很巧我退休也 51 歲。

　　外甥女 60 年次，1992 年大學畢業即考入彰化銀行，1995 年轉到中國信託銀行服務，從六職等助理員到七職等辦事員再升八、九職等的副理、襄理，因工作表現優異，順利升到經理。

　　職位高責任大，每天工作有壓力，銀行界規定服務滿 25 年可辦退休，外甥女今年服滿 27 年，即急流勇退，專職家庭主婦，彌補在職時對家務不能全心投入之憾！

　　上班每天早出晚歸，全心投入工作，倍極辛苦，如今女兒大學畢業進入職場，兒子今年也要上大學，先生明年可退休，小家庭夫婦倆從年輕創業，中年事業有成，今後除享受退休還可鍛鍊身體，上午到活動中心健身，下午專心做家務做晚餐，規劃美好退休生活。

　　如果每 20 年來規劃人生，50 歲是人生二個半 20 年，如能活到百歲，今後還有第三、四、五個 20 年，我勉勵她要好好享受退休生活，除了重視養生健身，要終身學習，充實生活內涵，更很重要提昇身心靈精神生活。

2022.07.13

155. 了悟生與死

　　最近得知認識的老長官辭世，了悟：人的生死是必然，有早有晚，如是無常。

　　生死是有為法的必然，生命的過程精采才是重點，重視生死，卻忽略了生命的過程，是本末倒置。

　　聽了一場，北京大學對外交流中心工商管理的專題講座：既然生命的「結果」有生必有死，何不對自己有效的「過程」管理活得精采。

　　說明生命的過程要活得有意義，樂活當下是前提，精神生活與物質生活兼顧，活得隨心，活得隨意，活得健康，活得開心，隨順因緣就快樂。

2022.07.17

156. 舒心健走

　　松鼠穿梭跳躍，藍鵲結伴飛翔，斑鳩漫步馬路，健走於芝山公園及忠誠公園常見景象。

　　炎炎夏日，公園座椅，滑滑手機，心曠神怡。樹下乘涼，涼風徐徐，留連忘返。

　　榕樹下，地上落葉泛黃，另類之美，鳥兒悠閒，自在覓食，蝴蝶蜜蜂飛舞授粉，自然生存法則。

　　中山北路六段，忠誠路口，上班時段，但見車輛往來，多少上班族，匆忙趕路，感受退休的幸福。晨運舒心愉悅，享受獨思之樂，所見有感

2022.07.20

157. 師友聯誼餐敘

　　副校長心繫同仁殷切，大家也很想早日「相見歡」，釋懷久未謀面之思情。我於本月初公佈聯誼餐敘時地，到中旬統計近 30 人，可見師友們都期待此聚會，距離 3 月 26 日見面至今四個多月。

　　本會成立至今三年，原預定一年至少有四次餐敘及戶外旅遊活動，因逢疫情而減少，我們都是遲暮之年的老友，曾經一起在母校復興崗服務，很珍惜每次的聚會，大家有共同的回憶話當年。

　　副校長以 87 歲之齡仍活力充沛，85 歲獲博士學位，至今仍打高爾夫球，參加水安隊各項活動，一心帶動師友會走出去，是我們學習榜樣，加上大家都來自復興崗先後期學長學弟的革命感情，參與這個團隊當引以為榮，餐敘後副校長還貼心準備伴手禮，送一之軒麵包，分享家人。

2022.07.22

158. 笑談人生逆旅

　　古人所言：一命、二運、三風水、四積陰德、五讀書。現今社會較少談風水，我要將五讀書提到三，一命、二運、三讀書、四積陰德、五風水。從古至今讀書可改變人一生功名利祿是事實。

　　憶當年高中畢業，參加軍事聯招，考取政工幹校政治系，改變我的人生，先後在部隊服務四年，62年有幸調回母校服務，從基層隊職幹部連、營長到訓導主任，與軍校學生朝夕生活，養成至今規律的生活作息：早睡早起，堅持運動，如今身心健康，不覺老邁，近十年來勤於筆耕，先後出版五本小品文，記實十年來生活所見所聞所感所想，留下暮年生活珍貴的回憶。我的軍旅生涯是在台灣大學退休，距今已將屆27年，當年51歲如今已耄耋之年。

　　因與台大的因緣，退休後分別參加台大退休人員聯誼會、台大教職員登山會、台大聯合服務中心志工及多年的台大快樂歌唱班，如今成為退休後很好的休閒生活，持續與台大有良好的互動。

　　有人說人的一生至少要完成三個心願

　　1.要傳宗接代

　　2.要寫幾本書

3.要種樹紀念

我至今完成 2、3 唯 1、只完成一半，兒女至今未婚。

結語：懷念青、壯年在復興崗與學員生教學相長 21 年的歲月，也懷念台大主任教官與學生交流互動的日子。

感悟：人生不必追求太完美，就不會活得太累，什麼事情盡心力就好，我的人生座右銘是：樂觀、豁達、慈悲、善良八個字，以此文聊述退休暮年的心態。

2022.07.24

159. 台北文訊雜誌社收藏

　　信義兄，文訊月刊資料中心目前正在向各位作家徵集書本、照片、字畫等充實它們的收藏，且已和台北市政府洽商，不久的將來改名為台北市文學館！承台客推薦後，我即寄上我的著作，收到文訊雜誌社承辦人吳穎萍寄來謝函。

　　文史哲出版社彭社長告知，凡在出版社印行書籍，必送國家圖書館收藏，福成兄要我每出版書籍送台大圖書館永久保存，（台大退休人著作），他本人著作近二百本，除寄送國內大學亦寄大陸知名大學，可分享兩岸中國人，並永久保存，一舉兩得。

　　2018 年 4 月 27 日上午有機緣參訪廈門大學，我贈「健群小品」第三集，很榮幸將此書存留廈門大學圖書館永續保存，有感個人存書不易，如能由國家圖書館或各機關學校保管，較有永久性，個人認同。

2022.07.28

160. 與許老爹的因緣

　　天下文化近期出版由紀欣女士著許歷農傳：從戰爭到和平一書，我有幸先睹，感謝文龍兄日前贈書。

　　許老爹是我們對他的親切尊稱，我與他有師生情及 2012 年他召集二十幾個政團組成聯合會議，我先後以「中國全民民主統一會」秘書長及會長與會，有近距離參與座談對話，印象深刻是每次許老爹請新黨郁主席召集聯合會議開會，大家公推他擔任主席，後來他提議由每個政治團體會長主持，我有幸輪值主席，席上作陪有張麟徵、紀欣兩位女士及王曉波、郁主席等，針對台灣政局、兩岸關係提出諸多建言，此聯合會議持續多年，後來因主客觀情勢而停止運作。

　　當年許老爹在政戰學校擔任校長，有機會聆聽他兩年多的訓示教誨，獲益良多，每次總以幽默風趣小故事大道理訓勉學生。如今我仍耳熟能詳印象深刻，2017 年 12 月 3 日許老爹應邀至健康早餐會演講，談長壽之道及從反共到促統，我曾記錄為文，（健群小品第三集 p301 頁）敬佩百歲人瑞如此關心國事。

　　全球華僑華人促進中國和平統一大會，於 2006 年於中國澳門舉行，來自全球華人有 1500 人，大會報告來自臺灣各政黨、教育、經貿、文化、宗教等團體有 600 多人，可見在兩

岸交流中臺灣地位的重要。全統會由王化榛會長率團六十人參加此盛會，會中台灣新同盟主席暨新黨郁主席分別應邀致詞，大家聆聽許老爹期待兩岸和平統一之殷切，會場爆以熱烈掌聲。

　　新同盟會為慶祝許老爹百歲壽誕，特別於國軍英雄館舉行餐會，來自全省各縣市分會代表多達五百餘人，大會並邀各政治團體主席、會長代表共襄盛會，我以全統會會長幸與壽星同席，一起觀賞祝壽娛興節目，榮幸與老校長許老爹合影。在各不同場合見到許老爹，我總以校長尊稱，留下師生情誼，印象深刻，以上瑣記與許老爹的因緣，留存為念！

2022.08.01

161. 長輩失智子女苦

「父母失智子女苦；父母健康子女福。」

其一、認識友人母親高壽 97，却已失智十多年，子女都很孝順，花費十多年的外勞看護費，對子女是經濟一大負擔。

其二、同學兄弟兩人，當年母親年邁，每人輪流照顧一個月，母親明理，月底即主動收拾行李，如此兄弟都能聊盡孝道，倒是兩位媳婦對婆婆能否當自己母親盡孝？

其三、同學侍奉岳父母至孝，請岳父母同住，晨昏定省，岳父母均高壽，常陪同醫院門診，孝心感人。

感悟：失智者身心苦無感，而連累子女苦，雙親老邁多病，要陪同看病，付出了勞心勞力，加上經濟負荷。

當今社會現象

1.請看護照顧。

2.送安養院或養生村。

兩者要長期花錢。

結論：「父母失智子女苦；父母健康子女福。」年老健康很重要。

2022.08.05

162. 柴燒陶藝展

　　藝術要有天賦、非人人與生俱來，音樂、美術、舞蹈、陶藝創作尤是。

　　今天 8 月 6 日上午，應邀前往龍潭客家文化中心，參觀吳坤德將軍柴燒陶藝（註）展，復興崗師友會長林副校長親臨祝賀，師友會郭年昆、李東明、吳元俊、水安會劉慧明會長及我陪同前往參觀。

　　開幕式上邀請到輔導會馮主委、前參謀總長霍上將、上台致賀，貴賓有桃園文化局長及多位市議員蒞臨，都發表談話，稱讚展覽成功。參展主人報告他拜師學藝的心路歷程，如今展覽他十多年來的陶藝作品，令人讚嘆，非藝術本行，但有天分是大家有目共睹的，目前身兼桃園復興崗校友會長的他說：前半身獻身軍旅，是炸乾了一身的油，退休後將油渣再擠出價值回饋社會，這種為國家、為社會無怨無悔的奉獻精神，我們都佩服坤德兄的恆心與毅力，在柴燒陶藝領域下的堅持，如今闖出一片天，令人敬佩。

　　看到桃園復興崗校友會學長學弟共襄盛會，以及許多 23 期同學遠來參與，可見同學情深，永續革命情感。

註：柴燒是綿延數千年的一門古老陶藝技術，在日本被
　　發揚光大，台灣也深受日本柴燒影響，相對於他種
　　運用電窯或瓦斯窯的技藝，是將陶藝作品直接放入
　　窯中，持續不斷地燃燒木柴提供熱量。

2022.08.06

163. 百歲不稀奇

見證三位百歲以上人瑞：

其一、崔介忱先生(註)，民國元年生(1911~2022.01)，去年先逝。

他曾多次參加健康早餐會，介紹其養生之道，是警界之友。

其二、許歷農先生，民國 8 年生，今年 104 歲，由紀欣女士著：《許歷農傳：從戰爭到和平》，於 111 年 6 月天下文化出版。

其三、張祖詒先生民國 7 年生，今年 105 歲，102 歲著作《不亦快哉集》，104 歲著作《總統與我》。

聯合國針對世界人口構成變化對經濟社會影響召開研討會，同時發布相關報告，根據報告的資料顯示，2050 年時世界人口推估將有 98 億人，其中，65 歲以上的老年人口將超過 15 億人，約占總人口的 16%。，百歲人瑞不希奇，大家不難見證周遭多少年愈百歲老人仍身強體健。

註：崔介忱先生成為名副其實的 "養生達人"。

他曾寫過一首《養生》打油詩：

飯別吃太飽，覺要睡得好；
運動每天做，營養不可少；
儘量找快樂，切莫尋煩惱；
赤子心常在，百年也不老；
不作虧心事，人格比天高；
為人不貪墨，子孫也逍遙。

2022.08.14

164. 好友小聚

　　疫情未舒緩，數十人的聚餐有不可預料的風險，半年來群組聚餐選擇不舉辦。

　　文史哲彭社長盛情邀請，福成兄召集，今午於彭府小聚，台客從鶯歌趕來，彭大嫂做了可口佳餚，我們把酒言歡。

　　彭府是小型圖書館，文化氣息濃郁，在座成了文化人，台客是名詩人、福成兄是出書達人，我與俊歌望塵莫及，彭大哥每天忙不停的校稿，83 不覺老，很佩服他的敬業精神。

　　我們都是數十年的老友，聚在一起談笑風生樂融融，不忘留影存念。

2022.08.14

165. 正能量好文圖

　　您的早安圖，心靈分享，句句扣人心弦，我想收集，聽說是您某位好友的佳作，可以給我訊息嗎？我想收集。

　　我的貼圖從 104 年起至今未間斷(檔案存檔的)，這是清民兄近二十年來勤於製作文圖的恆心、用心、愛心分享善知識。

　　十幾年來，每天收到清民兄自製花卉文圖，我轉群組分享，收到好友熱烈廻響佳評，正能量勵志小品是善知識的傳播，也是身心靈最佳慰藉。

　　多年前我曾將他每月文圖存部落格，如今仍可點閱，同學答應將檔案傳來，俾便存檔。

　　請參閱：

https://blog.xuite.net/wu120835/blog/530523008

2022.08.17

166. 自主管理

　　民國 38 年來台 9 歲，今年已 82 歲的戴先生，當問起年齡，他說：年齡只是數字，真正的年齡是心態，是生理的健康，是外表的活力。說的正是，有人八、九十歲活力充沛，有人六、七十歲老態龍鍾。

　　醫生勸他不要開車、捨棄機車、腳踏車，他每天健走運動，走出健康。他說當身體需要被看護，是不道德的；因為浪費別人資源，同理看病是浪費社會醫療資源，人生最幸福是要無病無痛健康活著，對許多上了年紀的老人是可遇不可求。

　　總之老了生活上能自我管理才是有尊嚴的，從每天生活起居，到出門活動，都不依賴，人生活得逍遙自在。

自我管理如下：
1.選擇所愛，愛所選擇
2.隨心所欲，不受束縛
3.戶外走動，活動自如
4.生活自理，沒有依賴

　　　　　　　　　　　　　　　　　2022、08、22

167. 志工研習

今天參加台大志工研習，分別聽了兩場演講，獲益良多。

其一，「馬偕來台 150 週年世代傳承」從台灣到國際。由策展人王意晴老師（註一）主講：

馬偕博士第四代柯威霖博士，集「科學家」、「數學家」、「發明家」、「藝術家」於一身，用集科學家、數學家、發明家、藝術家於一身的恩賜，串起 150 年時空阻擋不了的愛，就這樣千絲萬縷緊緊環繞著我們每個人為這份愛共同努力，王老師與柯威霖博士（註二）晚年相處多年，柯博士許多藝術創作及預言，經其細說講解生動，融入深層情感。。

其二，臺灣戰後建築：王大閎、張肇康

徐明松老師（註三）主講

【洞洞與花牆：臺灣戰後建築的文化情調】農陳館策展人

徐老師透過建築照片解說詳細，讓大家對建築文化有更多的了解，體會隔行如隔山的知識，就如同看抽象畫有解說易懂。志工們透過學習，增廣見聞必能增長知識，相見的志工同仁，齊聚一堂，彼此有共同的互動，這分因緣難得。

註一：王意晴老師（柯設偕文化推廣執行長）

註二：柯威霖博士享壽 103 歲，在美術上柯博士是國際
　　　知名的水彩畫家。

註三：徐明松老師

　　　台北工專(今台北科技大學)建築專士（1982）

　　　淡江大學建築學系建築學士（1987）

　　　義大利國立威尼斯建築學院建築碩士（1997）

　　　銘傳大學建築系所專任助理教授（現任）

2022.08.25

168. 思　親

　　民國 49 年母親去逝，當年我才 16 歲年少，對母親的印象是臥病兩年，父親及親友支助不少醫藥費，仍藥石罔效。

　　轉眼 62 年過去，昔日對母親的思念曾移情於外祖母、二阿姨及小阿姨，因為母親像外祖母、二姨媽、小阿姨儀表神似母親。

　　母親與父親都是民國 10 年生，於民國 29 年 11 月 20 日結婚，母親婚後短短 19 年生命中，生養七個姐弟妹(三男四女)，如今最小妹妹將滿 65 歲，父親民國 75 年辭世享壽 66 歲，今年姐姐 81 歲、我 78 歲、大弟 75 歲、大妹 72 歲、二妹 69 歲、小妹 65 歲，父母親離世後，如今我們姐弟妹都活過父母在世年齡，主要是現代生活條件與醫療進步，平均壽命比以前延長。

　　今逢母親祭日，二妹備桌素食，姐弟齊聚興隆路老家祭祖，我提議每年父母祭日都要聚會，一則思親、二則姐弟歡敍，大家一致贊成，傳統美德，慎終追遠不能忘。

2022.08.29

169. 酒逢知己

　　古云：酒逢知己千杯少，形容性情相投的人聚在一起總不厭倦，如與三觀相同者相處快樂。

　　有喝酒嗜好者，成志趣相投的共同的語言，心情好，喝酒不易醉，衍生「高興時酒量好。」

　　同學從彰化來訪，約了同班同學，他倆幾十年未相見，彼此話當年，回憶青春少年時，轉眼我們已邁入耄耋之年，餐敘中不約而同，又見幾位老友，難得。

　　有感：疫情三年來，好友不安排見面，見面不易，當珍惜相見時的情緣。

2022.08.31

170. 學習的力量

　　滿謙法師引用星雲大師的話：學習認錯、學習柔和、學習生忍、學習溝通、學習放下、學習感動，學習生存，幾句易懂，做到不易。

　　有句話說得好，當一個人停止學習就是老化的開始。

　　所謂活到老，學到老，能受教，才會不斷進步。

　　大師提倡人生要終身學習，聯合國教科文組織的「學會生存宣言」指出：未來的文盲不是不識字的人，而是不會學習的人。

　　記得十多年前，佛光山在台北松山道場，由星雲大師主持皈依授證典禮，約有數百人與會，台北教師分會中我與福成、元俊亦參加此盛會，成為佛光人，此生能與星雲大師言行為師，深感榮幸！

　　修行其實是修正自己的思維、觀念及行為，沒有內在修養的人，很容易成為環境的奴隸，沒有欲望的人，是永遠自由的，當我們衡量他人的尺度，其實心中早有成見。

　　星雲大師說：不停的修學是建造人生的大學，生命的大學，增加人生的動力，不斷地提升慈悲和智慧。共勉之！

2022.09.06

171. 樹木健檢

　　今日健走於芝山公園，見到身穿公園管理處制服的三位年輕人，手持電腦及儀器，逐一檢查林木，好奇詢問，得知是為樹木健檢。

　　公園常見樹枝修剪美化環境，如同人整肅儀容，植物適時健檢，病蟲害及早發現，可知病因可以治療，防止病情惡化，透過醫療可以防治，是現代科技的進步。

　　公園管理處實施林木健檢，台北所屬公園面積大，要逐一健檢，如此浩大工程他們默默付出，花費多少人力物力及時間，台北市民知否？

2022.09.08

172. 請　帖

　　我的老師趙玲玲教授，轉送喜宴請帖暨喜餅，他小千金文定大喜，我們社大同學難得聚會，却因疫情及場地有限而未能參加。

　　請帖邀請函及內容老師以毛筆書寫，給人有溫度親切感，老師在士林社大心靈哲學班授課七年，大家在做人處事及學識、常識、知識領域，獲益良多，彼此建立深厚的師生情誼，成為益師益友；亦師亦友，古云「經師易得，人師難求」，這種因緣很珍貴難得。

　　一日為師一世情，同學更成為每月聚會十多年的好友，惜近年來疫情嚴峻暫停，疫情打亂人際活動交往及人情世故往來，是無奈。

2022.09.12

173. 人生數十寒暑

疫情三年來，多少長輩親友逝，無限哀思難送別。

生命可貴亦短暫，當珍惜。

星雲大師說：

> 陰晴圓缺；本來如是
>
> 悲歡離合；因緣如是
>
> 喜怒哀樂；眾生如是
>
> 愛恨情仇；有情如是

金剛經：「一切有為法，如夢幻泡影，如露亦如電，應作如是觀」

> 生老病死是人生的定律
>
> 成住壞空是宇宙的定律
>
> 無常變易是萬物的定律
>
> 人之生死有早有晚，凡人必然如是。

驚聞自立大哥暨堂妹夫薛校長近日過逝，有感而寫。

2022.09.15

174. 一言既出，駟馬難追

十多年前，有幾位同學要推舉我選同學會長，當時我以玩笑話說：待十年以後再說，轉眼十年已過，一言既出，駟馬難追，今天我當選 11 屆同學會會長。

感言：

感謝同學們的厚愛，推舉當選會長，會長是榮譽也是責任更是使命，是任勞任怨、出錢出力，是要無怨無悔的付出，今後要秉持此精神為大家服務。

一個月來，在游會長號召下暨各教授班、各系聯絡人積極熱心邀約，資訊長宗鑑適時公布參加者芳名，有助大家熱烈參與，今天同學及眷屬來了近九十位，在疫情嚴峻下，大家珍惜畢業 54 年同學情，誠屬難能可貴。

疫情三年來，許多群聚不宜，今後春節團拜俟機辦理，並鼓勵以系、教授班為單位辦活動，同學年近八十，要保重身心健康，樂活暮年生活。

第 11 屆服務團隊將於近期產生，以利交接，今後兩年將持續為同學服務，敬請同學們不吝指教。

2022.09.19

175. 網球老友餐敘

　　旅居美國的網球之友台北張（註）回台，我召集昔日球友餐敘，猶記得 108 年 3 月及 109 年 10 月曾一起聚餐，適逢疫情，已兩年未見面。

　　我們是一群老朋友，民國 75 年開始每逢週末及假日以球會友。自組興隆網球隊，前後維持有十幾位球友，我退休前後因緣際會下，分別在青邨幹部訓練班及憲兵某營區球場，邀約打球，前後有十幾年，球隊曾先後到花蓮及金門球賽，留下歡樂的共同回憶。

　　往事歷歷如昨，卻是三十多年前往事。雖然球隊已解散多年，我們已成為近十多年來會餐的老朋友，今天因疫情及有人確診少了五位與會。

　　註：球隊兩位張姓朋友，以台北張及北投張分別稱謂。

2022.09.21

176. 同學情

　　早期擔任同學會長與現在擔任會長的差別，前者大家都年輕，同學會要經常辦活動，後者同學耄耋之年，有較多的探病慰問。

　　今天七點趕早赴榮總，與兩位同學約好探視住院同學，是我接任會長第一個慰問。同學會有北、中、南服務團隊，適時瞭解大家生活狀況，對老病提供資訊，及時慰問，任憑時光流逝　同學情誼仍在，是復興崗同學情的溫暖。

　　疫情三年多，同學彼此見面少，再見時發現有同學身心健康每況愈下，感觸良多，暮年健康很重要，畢竟老病是常態，要如何病得輕老得慢，是我們當前重視的養生課題，願與同學共勉之！

2022.09.24。

177. 聯誼餐會

　　9月23日午於家園小館舉行餐會，慶祝即將到來的教師節，由復興崗師友會暨紅十字會水安隊聯誼。

　　餐會中宣布安排11月下旬，花東三天兩夜遊，希望由師友會及水安隊同仁共襄盛舉，大家走出快樂，人人健康。

　　大夥互敬高粱酒，人人能喝，身心健康可見。副校長送我們每人POLO休閒衫乙件，套量登記型號，將繡上復興崗師友會Mark代表團隊精神，留下珍貴團體照。

2022.09.23

178. 廣納建言

民間流行的笑話：

常見慶賀八十大壽，不久即往生，因敲鑼打鼓驚動閻羅王，查生死簿，此人該來報到，如今大家都延壽而長壽，沒人過六十大壽。

九十歲慶生合情合理，父母親買蛋糕為小孩慶生，是近30年來生活富裕下普遍現象，男女朋友互相慶生是感情增溫，子女為父母慶生是孝心，不同年齡的慶生有不同的意義，如認同生日是母難日，更沒理由慶祝，有使用臉書者，您的生日被告知群組朋友，大家祝福您生日快樂，也是困擾，因有人低調不願曝光。

廣納建言，我從善如流，原則上仍請資訊長每月公布當月壽星名單，由我代表大家的祝福，任憑時光流逝，同學情誼仍在，是復興崗同學情的溫暖。

2022.09.29

179. 同學會長交接

　　今天在國軍英雄館牡丹廳舉行交接儀式，我正式接任 14 期同學會長，身感任重道遠，將有兩年時間為大家服務。

　　會長提報：

　　一、感謝各位加入服務團隊，有服務熱忱、有健康身心是條件，也是大家心甘情願，甜蜜的負擔，恭禧各位。

　　二、請秘書長及活動組長於 12 月上旬前了解疫情，評估考量可否舉辦 112 年春節團拜。

2022.10.01

180. 隊職因緣情

　　擔任基層隊職，最值得安慰的是與學生建立深厚情誼，他們畢業 44 年之後還深深懷念你記得你。

　　憶民國 63 年 8 月至 65 年於學生班及學生指揮部擔任中隊長及改編後連長職，其間有緣與 64.65.66.67 年班及專科一期學生相處，是連隊職與學生朝夕相處建立的復興崗情緣。

　　今天應邀參加專科一期的同學會，畢業 44 年後見到他們，名字很熟，但外表體態改變下，幾乎不認識，餐會歡笑憶往事，大家回到年輕時光，洋溢青春，同學中有面相學大師沈全榮、商場成就者張世琦，他在新疆 18 年，在軍旅中同學表現可圈可點，復興崗教育成功的見證。

　　召集人周碩岷同學一早由花蓮趕來，看到久違的老同學遠從屏東、台南、新竹前來，這分同學情讓我感動，照了團體照留念，我送每人「歲月留痕」小品。

2022.10.05

181. 視覺空間智慧

學舞多年才頓悟：學跳舞要具備幾個要件：

1. 有濃厚的興趣
2. 有天生的舞蹈細胞
3. 有音樂節拍感
4. 有方向感

因我缺少方向感，學舞是事倍功半，跳舞是左右、原地及前進後退動作，加上要牢記舞呈線，如探戈永遠是前進，繞一圈最終回到原地，華爾滋是對角線，因此方向很重要。

幾十年的學舞，除了探戈、恰恰、倫巴、華爾滋的基本步之外，進階舞步全丟腦後，體會到學舞要年輕、記性好、體力好，其實任何學習皆然。美國哈佛大學迦納教授 Howard Gardener，主張人至少具有八大智能，其中我認為方向感是學跳舞很重要的要件之一，您以為然否？

2022.10.08

182. 旅遊的因緣條件

　　吃喝玩樂是旅遊至樂，但基本上要有好體力，最近辦理花東三天兩夜遊，以復興崗師友會暨紅會水安隊成員為主。

　　我陪領隊與導遊事先研商行程，「花東溫泉知性之旅」行程費用評估公布，原則上組團 34 人成行，如今師友會報名卻不如預期，部分人因活動撞期，有師友排了看診，許多因素加上體力不勝旅遊，只能以年輕的水安隊為主力。

　　旅遊要趁年輕有體力，我贊成並同意，年輕時可赴國外較長時日遠遊，年紀較長者以國內景點短時間旅遊為宜，旅遊因緣條件要俱足，莫待心有餘而力不從心，無奈！

2022.10.10

183. 時不我與

　　有同學建議恢復士林公民會館舞蹈班，我接受建言，即邀集服務團隊幹部研討可行否？

　　開班學舞條件是：租借場地、聘請老師、十人以上報名、有舞伴、經費等問題，各種因緣條件要俱足，討論結果議窒礙難行。

　　憶十年前我們不到七十歲，而十年之後的今天已將邁入耄耋之年，多少人有學舞的體力與意願，有感時不我與。

　　有人說七十以後，身心健康一年不如一年，印證在我們身上，歲月催人老邁的的無力感，學習精神與熱忱大減，許多同學健康狀況每況愈下是事實。

　　折衷辦法，由服務團隊每月公布歌唱聯誼卡拉 oK，北部地區歡迎同學自行參與，採 AA 制，相見聯誼，如以教授班及各系聯誼，每年同學會補助二千元。

2022.10.13

184. 無網路有感

　　晨起將 Line 更新，數分鐘後手機 Line 消失，重新於 Play 商店下載，出現手機簡訊密碼無法傳送，試了多次手機 Line 被鎖碼，無法開啟。

　　一天內手機無法使用，所幸電腦中有連線，尚可讀取信息，體會到無手機無所適從的生活，可見每天依賴手機生活的無奈。形容手機是現代人們生活的鴉片煙不為過。

　　我佩服不使用智慧型手機的現代人，他們不必被束縛於手機的一切罣礙。因手機故障，得以身心舒解，體會無資訊的生活，解脫自在，有感之言，不知以為然否？

2022.10.17 晨

185. 師生一世情

　　今午參加復興崗 22 期學生在天成飯店的聚餐聯誼，是我當年擔任他們兩年多的隊長因緣。

　　如今 48 年後見面續緣，依稀可以喊出同學大名，那是年輕歲月的好記性。

　　期別上我大他們八期，年近七十的同學有些也當了爺爺。歲月似無情，但覺有情，人人都會老，公平對待。

　　今天有遠從高雄、嘉義、花蓮趕來參加，同學情誼可貴，其中浩瑩、金魁兩位相隔一年，同月同日生，誠屬難得。一起切蛋糕唱生日快樂歌，找個理由聚聚，王副總得知，也送了一只蛋糕同賀，留下歡樂照。

2022.10.17

186. 人生一大樂事

　　第 11 屆 14 期聯誼活動，今天下午於錦州街 8 號音坊第一次聚會，是自由參加，來了八位同學，相見歡唱之餘，大夥聊天至樂！

　　其中長松兄告知畢業 54 年，第一次與萬齡兄、洪範兄兩位同學見面，促膝而談，昔學生不同系別，而今相見恨晚，相談甚歡。

　　萬齡兄熱忱請大家咖啡糕點，八人輪流歡唱歌舞，拍照留念，黎興兄說：同學歡聚……人生一大樂事也！是 54 年同學情的珍貴。

　　大夥聊天歡唱，17：00 離開八號音坊，黎興請我們至士林和光商行一家日本料理享美食，萬齡、黎興憶小金門站哨，夜眠防對岸水鬼摸哨，床頭備槍防身的緊張，讓我們不敢相信，那是少中尉的往事。

　　我常說：同學想見個面亦要刻意安排，同學情緣持續不易，即使都住台北，當珍惜能見面機會，你說呢？

2022.10.19

187. 書何處好歸宿

許多人一生中買書存藏不少書，家中堆積如山的書成了負擔。

以有限的書架、書櫃藏書成了累贅，我認識友人藏書太多，搬家割愛丟棄，心痛不捨。

買的書有感情難捨，我一友人將著作送往大陸各大學及國內大學，是智慧之舉。

古人云：書中自有黃金屋，書中自有顏如玉。大家應珍惜能擁有許多書。

書何處是歸宿?送往各大學各文化中心圖書館分享更多愛書者，發揮最大經濟效用，又可永久保存。

最近接同學會長，將歷屆移交存書送給復興崗圖書館及校史館我認為將是最好的歸宿及選擇。

2022.10.21

188. 文明人文明病

　　如你懷疑現代人不用智慧型手機是異類，其實他們是聰明人。相信你友人不用手機者，他的理由是不傷眼、不浪費時間。

　　文明人文明病，柴松林教授曾說：電視、手機是阻礙人類腦袋進步的工具，知識獲取來自於書籍報章雜誌。我有幾位學者朋友，告訴我手機電視他們很少在用，也不會受制於手機，解脫自在也。

　　當百分之九十的人使用智慧型手機是流行的時尚，你不知背後潛藏多少危機，辜成允因下台階滑手機喪命黃泉，常見上下車滑手機意外，走路看手機車禍而亡，命比看手機重要。

　　天下事沒有絕對的對錯，使用智慧手機有其利弊，是可以自由取捨的選擇，之故，有人不使用手機，隨緣自在。

2022.10.23

189. 人生是過客

　　晨起驚聞老長官杜學斌學長驟逝不幸消息，甚為哀痛。猶記得 9 月份師友會仍一起聚餐，人生真是無常。

　　師友會在老副校長召集下，不定期會餐，彼此見面歡敘過往，都是三十多年前一起在母校服務往事，共同回憶彌足珍貴。我是民國 74 年任訓導主任與當年學生部指揮官杜學長共事，敬佩他凡事要爭取第一的企圖心，後來他升了將軍。

　　今年 7 月 22 日師友會聚餐，我打了電話他說忘了，但馬上由住家搭計程車趕來，9 月 23 日他第一個趕來簽到，當時並未發現有異狀，事隔一個月後，如今天人永隔，祝他一路好走，匆忙提筆留下無限哀思。

2022.10.27

190. 寫在愛國遊行前

　　昔日救國團帶我走中橫，今日我為救國團上凱道，30 年前青春年少，救國團帶我們健走中橫、南橫、溪阿縱走……帶給我們健康與歡樂的歲月。

　　今天這樣一個良善、公益的組織，受到無良政府的打壓和汙衊……我們要站出來挺救國團、挺自己、挺我們下一代的未來。讓救國團為我們下一代繼續辦活動繼續服務人群。這麼理性真情的呼喚，讓我們動容。

　　民進黨執政六年多來，大家抗議走向街頭不下數百場，從八百壯士抗爭持續數年，愛國抗爭卻喚不回貪污腐敗無能政府，大家所見所聞所思所感都在街頭運動訴求。

　　將於 10 月 30 日下午參加救國團凱道大遊行，是疫情以來首次大規模愛國活動，以復興崗校友總會發起，各期校友熱烈支持下，14 期同學年近八十卻報名卅幾位，精神可嘉。

　　讓救國團為我們下一代繼續辦活動繼續服務人群。

　　懇請大家邀請親朋好友一起勇敢站出來，中華民國 111 年 10 月 30 日(星期日)下午 1:00 時，參加救國團凱道大遊行，一起「為公義、為自由、為和平」發聲。

2022.10.28

191. 心有餘力不足

　　凡事因緣條件俱足才能圓滿，如參加愛國遊行，先有好體力，再有愛國熱忱，缺一不可。

　　30日下午的愛國遊行，有同學說很想參加，因腿不能行走很遺憾，我回說隨順因緣，雖有一股熱忱，但力不從心是無奈。疫情三年，群聚活動不宜，加上年近八十的同學，身體健康每況愈下，因緣條件俱足，能參加者，有福之人。

　　今天參加救國團凱道大遊行，唯天公不作美，陰雨未歇，全身濕透，14期同學多達卅幾人，是愛國大團結的呈現。凱道擠滿人群，要拍個團照都難，只能捕捉片段分享！

2022.10.30

192. 懷念的好長官

　　我常說：長官與部屬的緣分是短暫過渡的，但建立的友情是永遠的。民國 72 年我任職母校復興崗訓導處訓育科長，教育長盧之學將軍指導甚多，因為他曾擔任此職。

　　民國 73 年我調學生指揮部訓導主任，承教育長之推荐，爾後對處理學生犯錯，我們適時反映，教育長都能圓融指導與處理。

　　驚聞教育長辭世，交代子女只辦家祭，今下午前來送行者，甚多昔日老部屬，可見好長官是令人懷念。人生終有期，92 歲高齡當今是長壽有福，他已走完美好人生，願他早日安息。

2022.11.04

193. 再見太武山

　　參加金門三日遊。第一天下午導遊安排有兩小時的登太武山，來回行程，山高 253 公尺。

　　我於民國 59 年 12 月隨部隊移防於山外新莊戰車連，61 年底返台，整整有兩年在金門，當時必登太武山參觀海印寺，久遠的記憶使我有舊地重遊的心願，如今海印寺已擴建美觀，讓我們留影依捨。

　　登山坡慢走，好不容易抵「毋忘在莒」勒石，全團拍了合照，往上走數十公尺可抵海印寺，同團中只彭社長、台客、俊歌及我四友前往。

　　導遊規定 17:00 集合，回程為趕時間而急走下坡，我真的摔跌成傷，以鼻青臉腫形容至當，所幸是手足及臉部皮肉傷，導遊樂樂小姐直呼 119，讓我第一次搭乘救護車前往金門醫院，經斷層掃描確定無礙，包紮傷口順利出院，感謝同行台客一路伴陪到醫院，留下難忘金門之旅。

　　晚上同行領隊登貴老弟帶領團友前來慰問探視，此情難忘。

　　我不相信命理，但好奇下我問了命理有研究的老師，他回說 5 日下午我的命盤，是羊刃逢合，應該有摔跤，血光瘀

狀……能不信乎！

2022.11.06 於金門金瑞飯店 615 房

　　略述事發經過：

　　登太武山，感覺有些路段上坡很陡，下坡相對很急，我因趕著下山集合，加快腳步而身體向前撲臥，摔跤得鼻青臉腫，兩手掌支撐也受傷流血，導遊樂樂小姐呼叫 119 救護車送往金門醫院急診，因頸部疼痛而安排頭頸部斷層掃描，幸無大礙，臉部鼻樑上唇及手掌腳部多處擦傷，經護理人員上藥包紮，在醫院診療前後一個多小時，才搭計程車返回飯店。

2022.11.05

194. 老兵的福利酒

　　此次由金門返台在機場可以登記老兵召集令紀念酒，凡曾在金門服役的官兵可享受兩瓶各 300cc 的高粱酒。

　　我曾於民國 59 年底至 61 年底整兩年在金門服役，經查證屬實，特允許領取紀念酒，資訊登錄即可。

　　此乃對老兵返金的誘因，兩瓶酒並不昂貴，但值老兵返回昔日服務的戰地，此意義深長。我參加金門三日遊，想乘車走走金門大橋，却因意外受傷未參與是日行程雖遺憾，但住宿金瑞旅店白天夜晚均可遠望金門大橋，望橋何日能再遊？

2022.11.08

195. 走路摔跤

　　徒步上下坡、爬樓梯上下台階、走平路不小心都可能摔跤，最近發現自己及友人摔跤的痛苦經驗，敬請大家走路要小心，尤其上了年歲的長者。

　　生理機能退化於無形，年輕時反應快，手腳敏捷有力，曾幾何時因手臂肌少症，而無力於單槓引體向上，幾十年的歲月消失了，身體機能退化而不自覺，豈可逞能？

　　體能靠有恆持續的訓練，不可間斷，此次金門行，因意外受傷的教訓，前車之鑑豈能輕忽？不敢公開摔跤受傷，仍有同學友人知道，來家探視慰問，感恩難忘！

　　青春一去誰能留，人生大半已白頭；但願餘生都幸福，多點快樂少點愁。夕陽風景無限好，永遠童心渡春秋！

2022.11.10

196. 最好的生活是啥？

　　常言：生活簡單就幸福，但人往往追求複雜生活而心陷煩惱。

　　聽了一則禪宗師父對小弟子的開示，原來生活中凡事能做到放下、放空、放平、放心最後能放手，這麼簡單的思維，你能做到嗎？

　　一、放下：秋冬許多樹葉飄落是自然植物的新陳代謝，放下是為了迎接春天的新芽，這不是放棄而是放下，也是捨得。

　　二、放空：冬天下雪大地結冰，師父要小和尚將大水缸的水放空，以免冬天結冰將水缸撐破，倒掉放空才能保留水缸免於破損。

　　三、放平：院子許多盆栽，師父要弟子全部放平，以免冬天下雪壓垮盆景。

　　四、放心：當師父有一天要遠行，弟子不放心沒師父在家的日子該怎麼辦？師父回說如大家都能做到凡事放下思維、放空、事事放平，我師父還有什麼不能放手的呢？

　　人生事事無常，面對許多磨難及挫折，我們應能對過去釋懷，對未來無憂，對當下珍惜，師父的開示您能做到嗎？

2022.11.11

197. 人生短短 50 年

　　有科學研究表明，人活在世上 50 年之後，就會被遺忘一乾二淨，就如同從沒來過這世界一樣。每個人自然老死以后，前幾年還有兒孫祭拜，隨時間的流逝 50 多年后，兒孫也變成老人，他們連自己很多事情都已經記不清，何況爺爺輩的事情。

　　我們再把時間放長，百年后徹底就是塵歸塵、土歸土，這個世界就如同沒來過一樣，你的親人也不會再記得你，一生能做到孝敬自己關愛自己生養的父母，這就足夠了。

　　如果有人問你生命的意義是什麼？那就是好好的活著，不留戀不遺憾，萬事隨緣。睜開雙眼我的世界因我而精采，閉上雙眼我的世界因我而消失，什麼功名利祿、榮華富貴都將過眼雲煙、煙消雲散、隨風而逝。

　　感悟：時下流行的生命契約及靈骨塔，前者有公司為家屬辦理治喪事宜，後者存放靈骨牌位，百年之後還有多少子孫輩祭拜？人生即過客。

2022.11.12

198. 心隨境轉

　　小品文是記錄我的生活點滴，習慣旅遊會留下景點遊記，此次到金門三天兩夜遊却無心記錄，只因意外受傷，心隨境轉。

　　金門四度前來，印象中 59 年 12 月～61 年 12 月兩年整的駐防，當時年輕未婚尚能適應。民國 77 年來金門是研究班六大戰教官教學參訪，由金防部安排的行程，非自由行，穿著軍服很正式拜訪；第三次來到金門是參加廈門河洛文化研討會，再轉乘小三通，我曾參訪昔日駐地，經二十幾年後景物全非，空留回憶；此次隨 23 期學生組團四度來遊，金門大橋通車我却缺席。

　　人生有許多意外，登太武山遊海印寺，下山時摔跌成傷，所幸是臉龐及手部皮肉傷，却影響旅遊心情，週來傷勢復原，體會康健之可貴。人老心不老，但是要服老，體力不如前是事實，當珍惜老健樂活暮年，共勉之！

2022、11、13

199. 感恩感謝

今天收到錦璋兄寄來的生日賀卡，才知道是我農曆生日，幾十年來他很有恆心的寄祝賀自製的生日卡，讓許多同學敬佩不已。

更可貴的是他算準您生日當天收到，如此用心有心貼心有多少人能做到。他是我當學生就很尊敬且佩服的同學，近一甲子的友誼沒有改變，是良師益友、亦師亦友他都做到了。

特別留下他的賀卡與書信，在部落格存我小品文中，感謝他一路的鼓勵更感恩他的照顧，盡謝不言中。

2022.11.16

200. 花東之旅（1）

花東三日遊歸來，我以小品文遊記留下回憶。

由復興崗師友會暨紅會水安隊成員組成 35 人的花東三日溫泉之旅，終於成行。11 月 18 日大家準時在中正紀念堂自由廣場集合上車，副校長提供豐盛早餐劉慧明會長贈送橘子倍感溫馨。

副校指示秘書長報告，我特別歡迎五期大學長參加及水安隊有三分之二共襄盛會才能成行，希望此次出遊能快樂出行平安返家。

上高速公路經雪隧，很順利抵達蘇澳休息站，拍了團照中午趕到櫻之田野養生餐享受有機蔬菜餐，別有一番風味，下午來到東台灣最美麗的鯉魚潭，分乘四艘小快艇繞湖一週，看到潭面水清澈，藍天白雲相互輝映，享大自然山明水秀風光，怡然自得，大家穿著救生衣，拍張團照來此一遊。

車路經光復糖廠導遊讓大家下車，沒錯過品嚐冰淇淋，回味兒時記憶，車沿花東公路經幾個隧道很快來到台東金聯世紀大飯店，晚餐是桌餐，俐華小姐提供小米酒助興，同桌劉遵義學長帶來一瓶自泡藥酒，並提供藥材，他說已喝了四十多年，如今 88 歲耳聰目明，見證養生藥酒好處多，特別請水安隊蘭香秘書長公佈群組分享，大家不妨泡製。

　　五星級飯店有很完備之設施，游泳池健身房等，如房內有提供溫泉，享受泡澡之樂。

2022.11.18

201. 花東之旅（2）

　　享用豐盛自助早餐，是符合早餐吃得好的養生，在台東金聯世紀大飯店我們當下享用。

　　準時 08:00 出發，來到國軍退除役官兵馬蘭榮家，楊主任建和及郭副主任茂盛均在門口迎接，分別是 71 年班 74 年班法律系畢業，我有幸在母校擔任隊職因緣認識。

　　家主任親自帶領參觀院區，這是全省唯一擁有醫養合一的榮家。馬蘭榮家住民林恒雄將軍，於 19 日率復興崗師友會暨紅十字會水安隊一行 35 人參訪馬蘭榮家，由榮家家主任楊建和及副家主任郭茂盛親自接待，參訪團除感受榮家綠草如茵，優美居住環境外，並在導引工作人員介紹下，正面瞭解榮家居住生活，讓年長者在退休後，多一項入住選擇，更捐贈 2 萬元慰問金予馬蘭榮家，讓住民長者充分感受社會溫暖。

　　林將軍帶領大家參觀當年種植的玉蘭花，大家紛紛留影。他目睹電動車已老舊，（104 年 3 月他獨資捐贈乙台 6 人座電動車，用以接送住民就醫），當下與會長劉慧明兩人答允再購買一台全新電動車相贈，在場參訪者爆以熱烈掌聲，對榮民愛心可見。

　　近午在楊主任安排下向全體同仁簡報介紹，林將軍接受楊主任頒贈感謝狀，表彰其義行，我們享用豐盛簡餐水菓，離開前在榮家前合影紀念。

　　下午前往鐵花村音樂聚落藝術村，看到許多小朋友表演舞蹈及音樂藝術之美，徜徉其間，享受聚落純樸光點。

　　下午四點餘，提前進住日暉國際渡假村。導遊安排搭乘池上捷通天牛號遊園一個多小時。晚餐享用豐富自助餐，俐華小姐將 11.12 月壽星八人單獨買了一只蛋糕祝賀，大家唱頌生日快樂歌同歡樂。

2022.11.19

202. 花東之旅（3）

　　住宿池上日暉國際渡假村，早起散步其間，很美的園區，有歐美的風味。豐盛的中西式早餐是五星級飯店的特色，稀飯、牛奶、豆漿、咖啡、可可、優酪乳應有盡有，滿足您平日很少品嚐的美食。

　　08:00 離開飯店，經花蓮富里鄉農會到瑞穗鄉舞鶴村的北回歸線標誌留影，幾天來的好天氣下起毛雨，中餐原住民風味料理，回礁溪有兩三小時行程，大家在車上歡唱，老中青不一樣的歌曲，是音樂的饗宴。下午 17:30 抵礁溪庭園造景美食餐廳玉田小棧，地雖偏遠，仍有大批遊客上門，可見傳銷趕上經營理念。

　　圓滿順利平安結束花東之旅，好山、好水、好空氣是身心靈精氣神最佳的補品，旅遊可以舒展身心，年紀大的長者更要多走出來，有益身心健康。誠如水安隊秘書長說：老了不玩，對不起自己，我很認同。三天旅遊有感。

2022.11.20

203. 同學情

復興崗同期畢業的同學，有不一樣的交情

1.入伍同連同班；同甘苦共患難情。

2.入學同班科系；同系日日相處情。

3.四年同隊同班；同隊朝夕生活情。

4.暑訓編入同班；編隊有緣照顧情。

5.畢業分發同軍；海空軍人少，建立同事情。

旅居紐西蘭多年的鴻福兄回台，我們幾位熟識同學在天成餐敍，道說近一甲子的同學情，彌足珍貴。

2022.11.24

204. 參加追思會有感

　　近耄耋之年擔任同學會長，面臨同學生病要探視慰問，同學不幸往生要參加追思告別式，時空歲月催人老的必然。

　　今午參加丘湘昌同學的追思會，憶民國 53 年底我們編入政二教授班，轉眼近一甲子同學之誼，送他最後一程有憶往的傷感，人生走一回，有緣才能相聚。

有感：

人生風光一世　　死亡終歸消逝
何須計較得失　　智者看淡放下
一生榮華富貴　　轉眼煙消雲散
無罣礙無恐怖　　遠離顛倒夢想
坦然豁達於心　　灑脫自在解脫
人生是場修行　　緣起莫忘初心
來去兩手空空　　緣滅順其自然

2022.11.29

205. 鰥寡孤獨

　　大道之行也，天下為公。選賢與能，講信修睦。故人不獨親其親，不獨子其子；使老有所終，壯有所用，幼有所長，鰥、寡、孤、獨、廢疾者，皆有所養；男有分，女有歸。貨，惡其棄於地也，不必藏於己；力，惡其不出於身也，不必為己。是故謀閉而不興，盜竊亂賊而不作，故外戶而不閉，是謂「大同」。

　　禮運大同篇所提：「鰥寡孤獨」，當今社會因年齡老化現象，普遍所見，七十歲以後另一半離世或離婚，獨居長者漸多，如何調適獨居生活，成為人生重要課題。

　　結婚時大家祝福白首偕老，百年好合，成為理想似遙不可及，只因社會變遷下，大環境改變，少子化成了老人無所依靠，於是自求多福，學會孤獨自理生活。

　　眼見親友中，有不少獨居生活者，在健康條件允許下愉快生活，只怕失去健康的養老。如果獨處能生活自理，做喜愛的消遣與活動，自由自在享受生活，樂活晚年，不亦快哉！

206. 因緣際會

前後有三次，參加陸光二期同學聚餐

1.2020.11.29 於天成飯店，召集人：黎興

2.2021,12.04 於新店豪鼎，召集人：黎興

3.2022.12.03 於真北平餐廳，召集人：陸敬儀

因緣際會下，我是同學黎興推荐參加他們的聚會，因每次餐敍備有簽到簿故能清楚記載。

誠如光莉同學所言：長達 55 年，從小一起長大的同學情，多麼地珍貴，今天同學們度過了一個溫馨又開心的聚餐

感謝黎哥信義哥參與心靈饗宴，期盼下一次聚餐，麗麗老師，徐哥，也能撥冗同樂。感謝老陸一手策劃執行同學會聚餐，辛苦了！

從照片裡每個人的眉開眼笑,可以看出同學們發自內心深處的歡樂……這就是世界上"最美麗的溫馨畫面"，這就是"最珍貴的同學情"（翟康寧）

謝謝黎大哥帶動氣氛，大家一年只見一次面，話題多，自然歡笑聲此起彼落的……而且大家身體都很健康，中氣十足聲音都傳到一樓去了。(陸敬儀)以上摘錄同學在群組的回應。

　　京劇行當又稱角色，主要可分為生、旦、淨、末、丑五大行當。他們人人都扮演適合角色苦練有成，畢業後發揮所長，表現出色，如夏光莉的第一刀馬旦，並演出多部當紅戲劇，劉光桐是兩岸名導演，即將屆滿 65 歲退休，餘在演藝界都很有成就，可見劇校為國內培養不少人才。餐會中聽到他們回憶昔日學習技藝的甘苦，如今成為最美回憶，有苦的訓練才有今天的成就，為他們高興。

2022.12.03

　　附記：黎興送每人一份高山茗茶，我送每人一本近作「歲月留痕」，並謝謝光莉贈送精美蛋糕，李光玉帶來美酒。

207. 愛人與被愛

　　年輕時讀瓊瑤小說，談愛人與被愛是幸福的，此語只說對一半，如被愛的人不愛您、也不喜歡您，那麼愛人或被愛是痛苦的。

　　單方面的愛是單相思，雙方互愛對方才完美。

　　所謂男歡女愛是可遇不可求，但隨時空容顏的改變也會變質。

　　自古以來多少愛情故事都有此宿命，無常的愛畢竟有太多的變數，好好享受當下擁有的愛才是真實的。

　　愛的致命殺手應是歲月、健康及金錢，如失去青春容顏，沒有健康又沒有金錢，就失去了愛人與被愛的條件。您以為然否？

2022.12.05

208. 好友慶生

　　在資訊如此便捷，想要廻避好友慶生是件不易的事。

　　今午餐會在雙城街帝國會館，是在上月 23 日就決定，彭大哥以 84 之年記得在我生日前夕，囑我訂購一只蛋糕，我恭敬不如從命，在好友齊唱生日快樂歌後，許願：「祝福大家平安、健康、快樂」。

　　餐敍中小酌威士忌，滿桌佳餚都很特色，港式片皮鴨、窩窩頭、鴨粥、港式蘿蔔糕、鮑汁美鳳爪、胡麻松露龍鬚菜、糯米椒小魚、香檳子排、牛蕃茄白肉鍋。吃慣桌餐大魚大肉，能享受平時鮮少的點心小菜，是舌尖的幸福。

　　今天老副校長林將軍是彭大哥邀請貴賓。

2022.12.07

209. 遲遲的感謝

　　前幾天生日，打開臉書，看到許多友人的留言祝福，遲遲感謝！失禮了。

　　一向很少使用臉書的我，偶而點覽，發現許多人貼了文章及生活照，我瀏覽欣賞不忘點讚。

　　習慣使用部落格貼文，友人有時埋怨太多廣告影響閱讀，我心想不花錢的部落格廣告是難免的。

　　天下沒有白吃的午餐，隨意窩部落格一例，怪不得年輕人不使用。

　　對生日很低調的我，因資訊帶來許多祝福，此文表達遲遲感謝！

2022.12.11

210. 緣起緣滅

　　天下事緣起必有緣滅，有早有晚，無常。

　　在某報章雜誌或網路看到一篇文章，再回頭尋找未得，我形容緣起即緣滅。

　　一篇好文能看到，得之有緣，在不同時空際遇上，都是難得，沒有及時留存，再也無緣。

　　誠如求學中遇到良師；工作上遇到好長官；生活中遇到知音，求診遇到良醫，都是貴人因緣，錯過難覓。

　　珍惜眼下所見，生活是多采的，常說樂活當下，您做到了嗎？

2022.12.16

211. 同學情一生緣

　　因疫情不宜群聚，公告 112 年春節團拜暫停，鼓勵同學以教授班、系為單位辦理聯誼，今天政三教授班率先在祥福樓舉行，席開三桌，很難得有十位同學攜眷參加，相互敬酒非常熱絡，是一次成功的同學會。畢業至今即將邁入五十五個年頭，同學見面憶當年，有甘苦的入伍訓練，有屏東大武營刺激的傘訓，有初學通訊駕訓的新鮮，同學同甘苦共同被磨練的日子至今仍留回憶，同學情很難得。

　　有感復興崗共同的革命情感，今生永難忘，只要同學聚會都應珍惜，您說是嗎？

　　此次聯誼有遠從花東的劉紹安賢伉儷及游昭仁、宜蘭的吳恆宇賢伉儷及台中的江鴻洲、黃敬献、曹允斌參加。

副會長鴻洲發文

　　召集人熙猷兄，感謝您授權讓兩金將帥，為我們 111 年政三的歲末聯誼，得以順利進行，本次感恩餐會，同學會吳信義會長陪同北部邱副會長，張資訊長均比照繳一仟元餐費，並致贈團體加菜金二仟元，郭大俠，夢石兄贈送高級蛋糕，退協副總會長國樑兄頂級威士忌，空軍紀念月曆，觀光局紀念徽章和口罩，

但小弟的高粱沒推銷出去，是屬遺憾，不管如何，同學熱情洋溢，從預備班談到如年的生活點滴，讓第十屆昭仁兄更歡樂倍增，加碼送出國旗紀念章，讓同學們滿載而歸，北部同學決議 112 年上半年，將組團蒞中部辦理，在召集人支持下，中部召開班聯誼將會是另一個亮點，但願屆時中南部同學，均能熱烈歡迎大家的到來。

2022.12.17

212. 因緣和合

　　因在母校擔任隊職的因緣，當年學生念情惜緣如今仍常相聚。

　　他們畢業至今已 46 年，仍懷念不忘期待每年聚會，今年已是第三年，誠如進益學弟所說：期待年年相見歡。

　　有份心有份情加上有熱心的召集人，才能每年聚會，他們亦邁入七十之年，老來相聚尤珍貴。

　　曾任職國安局長，當年是連輔導長的德勝學弟也應邀參加，大家以他為榮，他談過往有甘苦回憶。

　　一個人成功是有許多因緣條件，他讀書改變仕途，我如此讚許他，昔一命、二運、三風水、四積陰德、五讀書。在當今社會已被顛覆，如今真正的成就，應以讀書為首要，您認同嗎？

2022.12.20

213. 冬至憶兒時

　　冬至回憶一句話：吃了湯圓多長一歲，是長輩期許兒女早日長大，在那青春年少，心中的確也希望自己快快長大。

　　小時候我們住警察日式宿舍，過年過節鄰居媽媽們相約做年糕蒸發糕，當年物資缺乏，一切自己手工磨米，如今留給我們甜蜜甘苦回憶。

　　姐姐說母親不准我們進廚房，她婚後才學做飯菜，如今能料理佳餚美食，可能是遺傳基因吧！我們最喜歡姐姐拿手的炒米粉及麻油雞，如今姐姐已逾八十有二，卻不覺老邁，小女兒 51 歲退休，很孝順常回家陪媽媽戶外出遊。

　　成了家兒女出生，每年為小孩子慶生，轉眼自己不再年輕，冬至前很懷念母親當年煮好的甜鹹湯圓，特別請姐姐代勞，約好弟妹同往品嚐，小妹說姐姐煮的確有媽媽的味道，應該是潛意識跳出來的記憶吧！

　　轉眼我已望八之年，還念想兒時姐弟妹們在冬至前一起搓湯圓的情景，弟妹都有共同的回憶，如今已一甲子之久。

2022.12.22

214. 社大同學情

　　我們是一群老同學，民國 89 年於士林社區大學同時選修心靈哲學課程，因緣際會同時受教於趙玲玲教授門下，前後長達七年。

　　後因趙老師受聘前往北京大學講學，而終止課程，我因年長建議班長應持續同學緣每月聚會一次，大家熱烈響應下持續至今有 15 年之久，近三年因疫情而更改半年一聚，如今疫情舒緩又恢復聚會。

　　同學年齡有三、四、五年級老、中、青三代，彼此理念三觀相同，近二十年感情，見面無話不聊，成為永遠的朋友，是一世情。因珍惜此情誼而成忘年之交，今午相約於淡水阿吉師小館，佳餚美食加上好酒，餐後啟明賢伉儷盛情邀約到他附近淡水新居，喝咖啡品普洱好茶又吃甜點，啟明兄割愛送每人一顆 97 年普洱茶，逾 50 年的珍藏特留影，大家聊談甚歡，傍晚才依依難捨離去。

2022.12.24

215. 送舊迎新的祝福（1）

2022 年即將進入尾聲，讓我們一起迎接 2023 年兔年的到來，祝福全統聯誼會好友：健康如意！

預定 2023 年 2 月 6 日星期一中午，舉辦春節團拜聯誼餐會，歡迎嘉義分會會員共襄盛舉，期待大家相見歡。

信義敬上 2022.12.29

216. 送舊迎新的祝福（2）

　　2022 年即將進入尾聲，讓我們一起迎接 2023 年兔年的到來，祝福 14 期同學「人人健康！萬事如意如意！。」

　　　　　　　　　　　　　　　信義敬上 2022.12.29

217. 拜　年

　　早年以郵寄賀年卡片拜年，後來以電話、Email 電子郵件取代，近十年來以 Line、微信圖轉傳問候之意，全拜網路科技之賜。

　　如今以書信問候是最珍貴，因電子文件沒有溫度，我珍藏昔日長官同事友誼的信件，物以稀為貴吧！

　　今 2023 年的第一天，在 Line 群組及微信友人發了賀禧新年!新春如意!彼此有互動的問候請安，如此便捷，是十幾年前想像不到的經濟實惠。

　　記述拜年的改變革新，不知多年後又有如何的創新？

2023.01.01

218. 友誼疏離隨緣

　　人生本無常，如生死、健康、財富、權位、功名及友誼。

　　我常比喻友誼是時空下的因緣和合，如求學中的同學，職場中的同僚（長官部屬），退休後的好友，不同時空下，結識的友誼是否能長久維繫？

　　漸行漸遠的友誼隨緣，緣來、緣去、緣滅自然隨意，生命無常，多少人來了又走了，友誼亦如是。緣由心生，隨遇而安，身無罣礙，一切隨緣。

　　生活簡單，精神豐盈，丟掉家裡用不到的東西，丟掉那些不舒服的人際關係，丟掉心中無窮無盡的執念。

　　背不動放下，看不慣刪除，一切想開，就不困擾，一切看淡了，就不受折磨，人生大不了生死，心情大不了一悲一喜，生活大不了一起一落，看淡世事滄桑，內心安然無恙。您做得到嗎？

2022.01.02 有感

219. 志工隊長有感

　　志工隊長平時要辦理志工聯誼，不定期舉行餐會或校外郊遊等，增進志工情誼，所幸福成兄及俊歌已義不容辭答應全力協助配合，待疫情舒緩，可望近期辦理餐敘聯誼，以後可以辦理戶外健走郊遊，尚請志工同仁屆時踴躍共襄盛舉。

　　承擔隊長一職，當以能為同仁服務為榮，敬請大家多予支持指教。

2022.01.05

福成心語

　　自從十多年前，俊歌邀我和信義，加入台大秘書室志工。匆匆過了快 20 年，光陰無情啊！

　　十多年的志工中，記得俊歌當了很久隊長，之後我也當了幾任。

　　印象中，信義學長因參與社團多，一直沒當志工隊長。他太忙了！

　　新的 2023 年來到，元月五日就是台大志工研習日，到場有全體志工約六十人，此日重選志工隊長，俊歌提名信義兄出馬競選，果然高票當選台大志工隊長。恭喜信義學長。

　　他現在接任長字輩頭銜，不知幾個了！

220. 慶祝母校校慶

　　元月六日是政戰學院的校慶，十多年來我年年返校參加慶祝活動，今年缺席，因疫情未辦理大型慶祝。

　　14 期安排卡拉 OK 歡唱於八號音坊，萬齡同學為鼓勵大家踴躍參與，很有心提供三幅牡丹畫作，今天與會同學及友人多達 20 人。

　　中場切了蛋糕，齊唱校歌並舉行摸彩，分別由紐西蘭回國的鴻福兄、卡拉 OK 主人 candy 及小唐三人幸運獲獎。晚上在大和日本料理訂桌，大夥合照分享。

2023.01.06

221. 走過璀燦音樂會

　　懷念經國先生逝世 35 週年音樂會，今年是第五屆，我 14 期同學參加此盛會有二十幾人。

　　在大安森林公園露天音樂台上演出單位有復興崗合唱團、巾幗柔情～女青年隊聯誼會、大屯傳唱～29 期校友。演唱小河淌水、送你一把泥土等及政工幹校軍樂班金曲禮讚、團結自強協會合唱原鄉人等。

　　今天陽光普照，音樂台下座無虛席，晚到者一位難求，站立者眾，可見是場難得盛會，我遇見許多學長學弟，有兩位五十年未見面的學弟其一是 19 期源金教授，其二是復興崗合唱團興仁老弟，半世紀未見仍憶當年年輕時，留下美好的回憶。

　　喜歡復興崗學長學弟見面濃濃的感情，那種是血濃於水的革命情感。這種因緣和合是彌足珍貴的。

2023.01.13

222. 珍惜此生相遇

　　人這一生富裕也罷，貧窮也罷，都長不過百年；風光也好，落魄也罷，都活不到永遠；誰也不能死而復生，誰也不能青春永駐，閉上眼，就是長眠，躺下去，就是終點。

　　此生不論你遇見了誰，都是命中註定的緣分，既相遇，就珍惜，若相伴，就別散。因為一輩子太短，過著過著，就沒了，下輩子，誰還認識誰，再也不會出現，再也不能碰面，這輩子在千萬人之中，遇見了該遇見的人，無論與你什麼關係，不管最後結局怎樣，能遇見就足以留下，用心對待，離開的，給予祝福，感恩過來一場，從此銘記身上。

　　這輩子，遇見家人我們感受親情的溫暖，遇見愛人，我們體驗被愛的幸福，遇見朋友，我們知道友情的真誠，遇見路人，我們明白，什麼叫做無緣，遇見過客，我們懂得什麼叫錯過，在千千萬萬人中，能一直陪伴的，一定是感情深厚，能一直同行的，一定是互相在乎，無論他們有什麼缺點，不管他們是否完美，都要用一顆包容心對待，能好好說話，就別出口傷人，能掏心掏肺，別謹慎防備，能真心相待，別欺騙傷害，一旦錯過找不回來，一旦失去，再無關連，這輩子別再去怨恨誰，下輩子誰是誰的誰，疼你愛你的人，來世不會再見了，別惹他們流淚，讓自己留下悔恨，傷你騙你的人，

來世不會相見，別對他們記恨，讓自己活得疲憊，把短暫的人生和寶貴的時間，全用在美好的事物上，才能快樂。

　　這一生匆匆而過，下一世不會再有，永遠不要去責怪生命中的任何人，傷你也好，愛你也好，疼你也罷，都是僅此一次的緣分下輩子誰也不是誰的誰，想見也見不到了，相愛也沒機會了，此生只有兩個字「珍惜」！

2023.01.17 筆記整理分享

223. 牙診有感

　　一向自認牙齒保健很好的我，這幾年也發現有牙週病及蛀牙現象。牙醫師建議要彌補蛀牙，不被拔除的最佳選擇，是做根管治療，將神經抽除，再做牙套套上，可保持牙齒完整。

　　每半年洗牙是牙齒健檢最佳時機，牙病能及時發現適時治療，月前洗牙發現右下第一大臼齒蛀牙，前後牙診六次，完成裝製陶瓷牙套，如今保留此大臼齒。牙醫師說六歲時第一大臼齒長成，距今我使用 72 年之久，如今有牙套保護著可持續使用，比植牙或帶上假牙要省時省錢。

　　年齡漸長通常有四樣生理退化

　　1.視力老化

　　2.聽力退化

　　3.齒牙動搖

　　4.腿行無力，

　　以上四種生理現象是檢視健康的指標。

2023.01.18

224. 感恩感謝

　　今逢農曆新年，Line 群組收到好友的祝福，我個別回覆，感恩感謝溫馨的祝福。

　　有 Line 傳訊的方便，許多平時鮮少互動的友人也獻上祝福，取代昔日賀卡及電話拜年，得悉彼此安康，是最大安慰。

　　上午在家接到一些長輩及同學的電話，他們不使用 Line 而減少每天互動的掛念，省了不少時間，未嘗不是好事，畢竟沒有 Line 也有好處。

　　感恩好友的祝福，感謝他們沒忘記您，互動的好處是知道彼此安好。最近發現突然失聯的友人辭世，人生本無常，不勝唏噓，許多人有如此的感慨。願我的好友們都平安康健，樂活每一天。

2023.01.22 春節

225. 電話拜年

　　十幾年前普遍以電話拜年，近幾年以 Line 取代，前者可以聊談聽到對方聲音，比較親切窩心。

　　今天分別接到幾位同學及長輩電話，同學是少數不使用 Line 者，長輩之一、是復興崗四期，鄧教授應璋大學長，他民國 18 年生，今年有 94 歲高齡身體硬朗，其二、是早期台大軍訓教官茹道泰學長，民國 19 年生，今年已 93 歲身強體健，其三、是我高中師母，他今年 83 歲，他們都未使用智慧型手機，但打來電話倍感親切。

　　打電話聞其聲有溫馨感、親切感，但花錢的長途電話有珍惜感，如今能使用 Line 及微信可免費又有視頻，卻反而不使用，猜不透、想不通的人性心理。也許視頻有冒犯人的隱私吧！

2023.01.22

226. 談　緣

　　緣，是人間一種看不見的引力，把我們與某些人拉進，也與某些人疏離。

　　據說，有緣的人是拆不散的，無緣的人是撮不合的。

　　而人生的困擾往往在於～我們希望有緣的，偏無緣或緣淺，我們不希望有緣的，那個緣卻綿延流長。

　　所以，人世總有一些遺憾，一些剪不斷理了更亂的無奈，如果把這種無奈深藏心靈深處，那生活永遠是一片不快樂的陰影。把緣分當成美麗的海浪吧！

　　當它湧來時候，不抗拒，當浪潮退去時，不窮追苦求，應視生命中曾有過浪花朵朵，已是上天美好的恩賜。

　　浪花畢竟只是浪花，不是可以抓在手上的東西，人間的緣來緣去，又何嘗不似浪花，歡笑總是短暫，惆悵卻是留在心中，勘不破世事無常，內心只有痛苦。緣起緣滅，應似如生命中的浪花。

　　流水並不是無情，因為它知道浪花雖然不見了，並沒有消失，美麗的緣在生命中亦如是，雖留不住，但永遠是生命裡的一部分，如浪花化成水，是另一種更永恆的相依。

2023.01.24 整理分享

227. 鮭　魚

　　看了視頻，得知台灣人愛食生魚片，每年遠從挪威空運二萬公噸 Laks 來台。

　　遠從 9000 公里的挪威每週三次空運來台，我們享新鮮鮭魚，拜空運之便，每週 3 次，花 36~48 小時空運來台。

　　我聯想到市場許多牛、羊肉及鮮果，遠從東南亞如大陸、韓國或美國、紐西蘭、智利及南美空運來台，讓我們可以享比本地還便宜的食品，是拜現代空運之便捷。

　　我懷疑，人工飼養的鮭魚，放回海洋中，是否失去鮭魚洄游產卵的自然生態本能？

2023.01.25

228. 寒流與冷氣團

　　春節十天年假，飽受東北季風及大陸冷氣團的影響，平均氣溫在十度上下。在亞熱帶生活，終年四季如春，如沒有大陸冷氣團，冬天平均有 20 度。

　　目前零下 25 度的大陸東北天氣暨全世界極寒天候，人們都能生存適應，生活於東南亞熱帶氣候的人，是很難想像。

　　以下簡介形容寒冷標準

1. 低溫在 14.1 到 19 度時，稱為「東北季風」。
2. 如果最低溫不會降到 14 度以下，就只會說受到「東北季風增強」影響。
3. 若預測最低溫降到 12 到 14 度時，就會說受到「大陸冷氣團」影響。
4. 低溫小於或等於 12 度時，稱為「強烈大陸冷氣團」。如果預測最低溫會降到 10 到 12 度時，就會說受到「強烈大陸冷氣團」影響。
5. 低溫小於或等於 10 度時，稱為「寒流」。

　　換言之：台灣沒有寒流或大陸冷氣團來襲就沒有冬天，您認同吧！

2023.01.30

229. 不知老之將至

　　轉眼已邁入耄耋之年，從年少、青壯到中老年，一路走來，不覺已老，可喜的是，如今身心康健，無病無痛是人生之福。

　　收到今年農民曆，翻閱癸卯年百歲年齡生相對照表，我民國 33 年 1944 年 12 月生甲申是 80 歲，農曆報的是虛歲，高興自己將邁入 80 歲。

　　老並不可畏，可怕的是身心不健康，看到一些人，晚年要請看護照顧生活起居，有些人不良於行，坐上輪椅，有些人有慢性病要長期服藥，台灣洗腎人口目前已高達十萬人，居全世界之冠，除了浪費醫療資源，也造成病人不便，為了健康也是無奈。

　　感嘆生命的無常，更要珍惜晚年生命健康之可貴。

2023.02.01

230. 人生十悟

第一悟

聚散不由人，得失天註定，命裡有時終須有，命裡無時莫強求。

順其自然，想要的都會來，一切隨緣，是你的會出現。

第二悟

煩惱天天有，不撿自然無，越計較，越痛苦，越大度，越幸福。

把心放寬了，大事變小了，把事看淡了，煩惱就沒了。

第三悟

來，不是我們所想，去，不由我們所願。

生而為人，既然不能決定生死，那就享受過程，活好當下。

第四悟

平安健康是財富，無災無難是幸福。

別把金錢看太重，人走以後都是空。

健康的活著，就是福氣，平安的終老，就是成功。

第五悟

愛占便宜的人，最終會吃大虧，願意吃虧的人，最後會得好處。

能吃虧的人，人緣好，機遇多，所以吃虧是福氣，做人別貪圖。

第六悟
人品永遠大於能力，良心永遠貴過黃金。
人品好，一切都好，良心在，福氣常伴。

第七悟
不說，是一種智慧；不爭，是一種修行。
沉默是成熟的表現，不爭是大度的證明。

第八悟
所有的遇見都是有原因的。無論你遇見了誰，
都要好好善待，前世的因，後世的果。若無相欠，何來相見

第九悟
凡事不要太計較，做人不要太貪圖。
知足，才能無愁，簡單，才能快樂，
放下，才能輕鬆，釋懷，才能舒服。

第十悟
人生只此一次，生命只有一場，能活著，
便是榮幸，還活著，就是贏家。
別比錢多錢少，無病無痛就好，別比富裕貧窮，開開心心就行！

2023.02.08 摘錄分享